Blanka Alperowitz
Die letzten Tage des deutschen Judentums

Schriftenreihe   Band 10044

Blanka Alperowitz

Die letzten Tage des deutschen Judentums
Berlin Ende 1942

Herausgegeben von Klaus Hillenbrand

Blanka Alperowitz wurde 1883 in Fürstenwalde geboren. Ab den 1920er-Jahren arbeitete sie als Religionslehrerin in Berlin-Pankow für die jüdische Gemeinde. Im November 1942 gelang ihr durch einen Austausch zwischen jüdischen Zivilisten und im damaligen Palästina internierten Deutschen die Ausreise aus dem nationalsozialistischen Deutschland. Sie lebte in den 1950er-Jahren als Rentnerin in der israelischen Siedlung Kfar Haroeh. Blanka Alperowitz verstarb 1958 im Alter von 75 Jahren in Haifa.

Diese Veröffentlichung stellt keine Meinungsäußerung der Bundeszentrale für politische Bildung dar. Für die inhaltlichen Aussagen im Vorwort und den Anmerkungen trägt der Herausgeber die Verantwortung.

Bonn 2017
Lizenzausgabe der Bundeszentrale für politische Bildung
Adenauerallee 86, 53113 Bonn

© Die letzten Tage des deutschen Judentums (Berlin Ende 1942), 1943 Irgun Olej Merkas Europa
© 2017 Hentrich & Hentrich Verlag Berlin

Umschlaggestaltung: Naumilkat – Agentur für Kommunikation und Design, Düsseldorf
Umschlagfoto: © akg-images / Israel Talby. Das Bild zeigt ein Tor neben dem Grab von Rabbi Schimon ben Jochai in Meron, Israel.

Gestaltung: Michaela Weber, Leipzig
Gesamtherstellung: Thomas Schneider, Jesewitz
Druck: Multiprint GmbH, Kostinbrod, Bulgarien

ISBN 978-3-7425-0044-1

www.bpb.de

Inhalt

Geleitwort *Hermann Simon*   7

Vorwort   9

„DIE LETZTEN TAGE DES DEUTSCHEN JUDENTUMS"   17

„Mit Angst und Schrecken":
Anmerkungen zum Text von Klaus Hillenbrand   66

Blanka Alperowitz' Leben und ihre Rettung
nach Erez Israel. Eine biographische Rekonstruktion   97

Anmerkungen   126

Quellen- und Literaturverzeichnis   135

Dank   143

Blanka Aiperowitz, Foto wohl Ende der 1930er/ Anfang der 1940er Jahre. CZA S6P/2537

Geleitwort

Es ist ziemlich auf den Tag genau zwei Jahre her, als mir der Herausgeber des vorliegenden Lebensberichtes, Klaus Hillenbrand, am 20. Dezember 2014 schrieb, dass er am „Beginn einer Recherche über ein mögliches neues, kleines Buchprojekt" stehe: „Es handelt sich um die Wiederveröffentlichung einer Broschüre, die 1943 auf Deutsch in Tel Aviv erschienen ist. Das Büchlein trägt den Titel *Die letzten Tage des deutschen Judentums* und wurde anonym vom Irgun Olej Merkas Europa herausgegeben." Schon damals hatte Hillenbrand eine Vermutung, wer die Verfasserin dieses Lebensberichtes gewesen sei, dessen Entstehen er im Verlaufe seiner Forschungen auf die Zeit zwischen Ende 1942 und März 1943 datierte.

Mir fiel sofort ein, dass ich dieses „erschütternde Dokument", diesen „Bericht eines Augenzeugen", wie es auf dem Umschlag heißt, zweimal in meinem Leben in der Hand hatte. Zunächst im Original in der damaligen Deutschen Bibliothek in Leipzig, die heute Teil der Deutschen Nationalbibliothek ist. Dort hatte ich die Broschüre um das Jahr 1980 im systematischen Katalog entdeckt, bestellt und mit Bewegung gelesen.[1] Eine Xerokopie war damals nicht zu erhalten; eine Ausleihe nicht möglich.

Etwa anderthalb Jahrzehnte später, im Oktober 1997, fand meine Kollegin Chana Schütz ein weiteres Exemplar im Leo Baeck Institut Jerusalem und brachte eine Kopie mit nach Berlin. Diese hatte ich gut aufgehoben, wusste aber nicht, wo. Bei dem zunächst schier aussichtslosen Versuch, mein Dienstzimmer nach 27 Jahren zunächst auf-, um es dann auszuräumen, tauchte sie auf. Sofort ließ ich dies Klaus Hillenbrand am 25. März 2015 wissen, der von den ersten Seiten, die ich ihm in Kopie schickte, geradezu „elek-

---

1   Signatur 1966 A 4192.

trisiert" war. Dies betraf einen eingeklebten Zettel, der die Autorenschaft feststellt.[2] „Das ist die endgültige Klärung, dass Frau Alperowitz die Autorin ist, deren Mädchenname Katz lautete", teilte mir Klaus Hillenbrand umgehend mit.

Um wen es sich dabei genau handelt, hat der Herausgeber kriminalistisch ermittelt und dargestellt; ein Beispiel dafür, wie man forscht. Für mich mit dem so schönen Nebeneffekt nun zu wissen, dass sie die Tochter des Schriftstellers und langjährigen Mitarbeiters, Redakteurs und späteren Herausgebers der *Allgemeinen Zeitung des Judentums* Albert Katz (1858–1923) ist, dem einer meiner frühen Aufsätze galt: Sein Leben und Wirken hatte ich 1993 in dem Band von Inge Lammel „Jüdisches Leben in Pankow" nachgezeichnet, wusste aber nicht, dass er eine Tochter hatte, die sich nach Erez Israel hatte retten können; auch der Verbleib ihrer Schwester, der Ärztin Else Wagner, die den Totenschein für ihren Vater unterschrieben hatte, ist nun geklärt.

Der Text von Blanka Alperowitz über die letzten Tage des deutschen Judentums, den Klaus Hillenbrand akribisch und vorbildlich ediert hat, überrascht durch die Dichte der schrecklichen Details und damit seine Unmittelbarkeit. Er ist ein „Tatsachenbericht eines Augenzeugen".

Bundespräsident Roman Herzog hat vor über 20 Jahren, am 3. Januar 1996, in einer Proklamation, in der er den 27. Januar zum Tag des Gedenkens an die Opfer des Nationalsozialismus erklärte, gefordert, „eine Form des Erinnerns zu finden, die in die Zukunft wirkt".[3] Dieser Forderung wird die vorliegende Edition mehr als gerecht.

Berlin, im Dezember 2016
Hermann Simon, *Gründungsdirektor der Stiftung Neue Synagoge Berlin – Centrum Judaicum*

---

2   Vgl. S. 13.
3   Proklamation des Bundespräsidenten Roman Herzog, Bundesgesetzblatt 1996, Teil I, Seite 17.

Vorwort

Vor uns liegt ein einzigartiges Dokument, ein Bericht aus der Hölle der Nazi-Verfolgung der deutschen Juden in Berlin, abgegeben Ende 1942, zu einer Zeit also, als die Vernichtung der europäischen Juden im deutschen Machtbereich in vollem Gange war. Der Text von Blanka Alperowitz, die zum Zeitpunkt der Niederschrift nichts vom Massenmord wissen konnte, stellt ein eingefrorenes Stück Erinnerung dar. Eingefroren deshalb, weil die Autorin keine Reflexionen über die Geschehnisse anstellen konnte und wollte, sondern dokumentarisch und zeitnah aus dem Alltag der verbliebenen Berliner Juden berichtete. Sie tat dies frei von Furcht vor der NS-Verfolgung, war ihr doch noch im November 1942 die Ausreise in das britische Mandatsgebiet Palästina gelungen – zu einem Zeitpunkt, als die Auswanderung von deutschen Juden schon mehr als ein Jahr lang streng verboten war.

Und doch spürt man bisweilen noch ihre Ängste, etwa wenn sie bei der Beschreibung all der Diskriminierungen, Verbote, alltäglichen Einschränkungen und schließlich dem fast täglichen Abtransport tausender Menschen ins Ungewisse auf die Nennungen von Namen und Gewährsleuten verzichtet. Es war gewiss auch kein Zufall, dass ihr Bericht 1943 in Tel Aviv nicht unter ihrem Namen, sondern anonym veröffentlicht wurde. Zugleich verbat sie sich jegliche Spekulation über das Schicksal der Deportierten, sondern blieb vielmehr dabei, zu schreiben, was sie selbst erlebt und erlitten hatte.

Wir finden in diesem Bericht deshalb kein Wort von Auschwitz, dem Ort, an dem viele Berliner Juden ab November 1942 ermordet wurden, nichts von Treblinka, Sobibor oder den anderen Vernichtungslagern. Blanka Alperowitz schreibt von „Evakuierungen", einem Begriff aus der Nazi-Sprache für die Deportationen. Sie gibt Zeugnis über die „abgeholten" Juden ab: Man habe „nie wieder etwas von ihnen gehört", nicht wissend, was wirklich geschah. Der Text ist daher auch ein Dokument darüber, was gut informierte jüdische Berliner 1942 von den Dimensionen ihrer eigenen Verfolgung selbst wussten, geschrieben in der Sprache der Zeit.

Dass Blanka Alperowitz relativ gut über die Details der Verfolgung Bescheid wusste, davon können wir ausgehen. Als zeitweise Mitarbeiterin im Katasteramt der Jüdischen Kultusgemeinde zu Berlin zählte sie zu dem kleinen Kreis derjenigen, die gezwungen waren, den Deportationsplänen der Nazis zuzuarbeiten. Wenn sie etwas von der Shoah geahnt haben mag, so lässt sie, die Dokumentarin der Verfolgung in der Stadt Berlin, nichts davon durchscheinen. Alperowitz vermeidet in ihrem Text jegliche Ausschmückungen und Elemente einer Reportage. Die Nachrichten, von denen sie berichtet, sind grauenvoll genug und bedürfen keiner Stilisierungen.

Weil sich Blanka Alperowitz auf das von ihr selbst Erlebte konzentriert und allenfalls ihr sicher erscheinende Quellen zu Wort kommen lässt, ist ihr Text zwangsläufig auf die Situation in der Reichshauptstadt mit der deutschlandweit mit Abstand größten jüdischen Gemeinde konzentriert. Diese Fokussierung ist ein außerordentlicher Gewinn, denn dadurch müssen wir nicht zwischen Vermutetem, Spekulationen, damals umlaufenden Gerüchten und dem unterscheiden, was Blanka Alperowitz tatsächlich widerfahren ist.

Alperowitz' Text bietet für Historiker keine sensationellen Neuigkeiten. Die NS-Judenverfolgung ist in mehr als 70 Jahren bis in viele Details – längst nicht in allen – erforscht und bewertet worden. Der Bericht enthält einige sachliche Fehler, die sich aus den Umständen der Zeit leicht erklären lassen. Selbstverständlich hatte die Autorin in Berlin keinen Zugang zu amtlichen Dokumenten, gewiss konnte sie bei ihrer Ausreise in das britische Mandatsgebiet Palästina keine

Unterlagen mitnehmen und natürlich fehlte es in der neuen Heimat an Informationen über die Geschehnisse in Berlin und Deutschland. So entstanden Missinterpretationen – etwa die, dass jüdische Ehegatten dazu gezwungen worden seien, sich von ihren nichtjüdischen Partnern scheiden zu lassen. Es gab in Wahrheit keinen solchen Zwang, wohl aber einen erheblichen Druck des NS-Regimes, unterstrichen durch Schikanen und die berechtigte Furcht besonders von den christlichen Männern, durch eine solche Ehe ihre Karriere zu gefährden.

„Die letzten Tage des deutschen Judentums" ist nicht in Berlin, sondern im damaligen britischen Mandatsgebiet Palästina geschrieben worden. Durch glückliche Umstände, deren Hintergründe die Autorin wohl selbst bis zum Ende ihres Lebens nicht erfahren hat, wurde sie einem Austausch zwischen im Mandatsgebiet lebenden deutschen Staatsangehörigen und in Deutschland und den besetzten Gebieten festgesetzten ausländischen Zivilisten angeschlossen. Das NS-Regime hatte dabei gegenüber den britischen Behörden auch in ihrem Machtbereich lebende Juden zum Tausch gegen die Deutschen angeboten, die „heim ins Reich" geholt werden sollten. Unter den 137 Menschen, die so im November 1942 das britische Mandatsgebiet erreichten, befanden sich daher etwa 70 Juden, die zum größten Teil aus dem besetzten Polen stammten. Zu verdanken hatte die deutsche Jüdin Blanka Alperowitz ihre Rettung weniger britischen, deutschen und Schweizer Diplomaten als den Bemühungen der Jewish Agency in Jerusalem und ihres Ehemanns Jacob, dem es 1939 noch gelungen war, in das Mandatsgebiet zu emigrieren.

Der vorliegende Bericht von Blanka Alperowitz ist keine Erstveröffentlichung. Der Text erschien erstmals 1943 als Broschüre in deutscher Sprache in Tel Aviv, herausgegeben von der Interessenvertretung der deutschsprachigen Juden, dem Irgun Olej Merkas Europa. Am 2. Juli jenes Jahres machte die Selbsthilfeorganisation in ihrer Wochenzeitung *Mitteilungsblatt* darauf aufmerksam, dass „die Erlebnisse einer Frau, die das Glück hatte, gerettet zu werden", soeben herausgekommen seien.

Für die damals im britischen Mandatsgebiet Palästina lebenden deutschsprachigen Juden, ganz besonders für die ehemaligen Berliner unter ihnen, besaß die Schrift den Charakter einer Enthüllung. Die meisten, wenn nicht alle, hatten noch Freunde und Verwandte in Deutschland. Viele hatten sich nur unter großen Schmerzen zur Auswanderung in ein ihnen unbekanntes Land entschlossen. Mit Kriegsbeginn war der Kontakt nach Deutschland fast vollständig abgerissen. Nun enthüllte Alperowitz' Bericht in Details, wie es um das jüdische Leben in Deutschland stand, erzählte von Zwangsumzügen, mannigfachen Verboten, dem „Judenstern", dem Hunger – und den „Evakuierungen" in den Osten. Was dort mit den Menschen geschah, konnte Alperowitz nicht schreiben, weil sie es nicht wusste. Doch damals, 1943, konkretisierten sich im britischen Mandatsgebiet die Informationen darüber, dass die Nazis alle Juden in ihrem Machtbereich planmäßig ermordeten. Die Nachrichten darüber kamen von den westlichen Alliierten, der polnischen Exilregierung in London, dem Büro der Jewish Agency in Genf und nicht zuletzt von den mit demselben Austausch wie Alperowitz geretteten Menschen aus Polen, die im November 1942 nach ihrer Ankunft im britischen Mandatsgebiet von den Ghetto-Räumungen im besetzten Polen berichten konnten.

Wie hoch die Auflage von „Die letzten Tage des deutschen Judentums" im Jahr 1943 war, konnte nicht geklärt werden. Das *Mitteilungsblatt* des Irgun Olej Merkas Europa erschien damals immerhin in wöchentlich etwa 10.000 Exemplaren, und so dürften wohl mehrere tausend Stück von Alperowitz' Bericht verbreitet worden sein. Eine Übersetzung ins Hebräische oder Englische ist nicht erfolgt.

Damals war die Broschüre, von der sich nur wenige

Exemplare erhalten haben, gewiss wichtiger als heute. Sie erschien mitten im furchtbarsten Völkermord der Geschichte zu einem Zeitpunkt, an dem sich der spätere Sieg der Alliierten erst andeutete. Sie erzählte dem Leser bis dahin unbekannte Details der Leiden und der Verfolgung. Heute handelt es sich um ein Dokument, das diese Leiden sichtbarer macht als so manche gewichtige Darstellung von Historikern.

Mit diesem Buch geben wir den deutschen Lesern erstmals die Gelegenheit, dieses zeitkritische Dokument in Augenschein zu nehmen, das bisher allenfalls wenigen Spezialisten bekannt war. Der Dokumentation von Alperowitz' Bericht schließt sich eine Untersuchung ihres Textes an. Hier werden kleinere Unstimmigkeiten korrigiert, Details in den weiteren Zusammenhang gerückt und einige Hintergründe erläutert. Das Buch schließt mit einer Biographie der Autorin Blanka Alperowitz ab. Die Berliner Lehrerin für jüdische Religion ist zu Unrecht und doch verständlicherweise vollständig vergessen – in Deutschland, wo sie den größten Teil ihres Lebens verbracht hat, aber auch in Israel, wo sie 1958 in Alter von 75 Jahren verstorben ist.

Woher wissen wir aber, dass Blanka Alperowitz die Autorin von „Die letzten Tage des deutschen Judentums" ist? Schließlich erschien ihr Bericht 1943 in anonymer Form, und die Autorin hat es im Text sorgfältig vermieden, Hinweise selbst auf den Berliner Stadtteil zu geben, in dem sie bis 1942 lebte.

Zwei Quellen sind es, die ihre Urheberschaft belegen. Da sind zum einen die nahezu vollständig erhaltenen Unterlagen über die Austauschaktion zwischen Deutschland und Großbritannien im November 1942 in deutschen, britischen und israelischen Archiven. Den Listen der Ausgetauschten lässt sich entnehmen, dass sich unter den 137 Reisenden nur acht Personen befanden, die aus Berlin kamen – darunter Südafrikanerinnen, Australierinnen, eine Britin, eine polnische Jüdin und nur eine einzige deutsche Jüdin. Bei allen anderen Ausgetauschten lässt sich ausschließen, dass eine von ihnen im Katasteramt der Jüdischen Gemeinde hatte arbeiten müssen, so wie es die Autorin in „Die letzten Tage des deutschen Judentums" beschreibt. Endgültige Sicherheit über die Urheberschaft ergibt sich zum anderen durch das Exemplar der Originalbroschüre, das die Bibliothek des Leo Baeck Instituts in Jerusalem verwahrt. Im Vorsatz dieses Exemplars befindet sich eine eingeklebte maschinenschriftliche Notiz der langjährigen Institutsmitarbeiterin Helga Nissenbaum. Darin zitiert sie aus dem Protokollbuch der leitenden Gremien der Alija Chadascha, des damaligen politischen Arms der Selbsthilfeorganisation der ausgewanderten deutschen Juden, vom 8. April 1943. Wiedergegeben ist ein Gespräch zwischen dem Generalsekretär Max Kreutzberger und dem Vorsitzenden Felix Rosenblüth: „Kreutzberger: Eine Lehrerin Katz, die erst im Oktober aus Berlin heraus ist, hat einen ausführlichen [?] Bericht geschrieben. Ich würde vorschlagen, ihn zu drucken. Rosenblüth: Landauer soll es noch einmal vorher ansehen. Prinzipiell wird beschlossen, die Broschüre zu drucken." Katz, so lautete der Geburtsname von Blanka Alperowitz, die erst 1939 geheiratet hatte. Sie war Religionslehrerin für die Jüdische Gemeinde zu Berlin. Und so wissen wir nicht nur, dass sie den vorliegenden Bericht geschrieben hat, sondern kennen zudem den Zeitraum der Niederschrift zwischen Dezember 1942 und März 1943.

Dieses Buch konnte nur dank der großzügigen Unterstützung des Irgun Olej Merkas Europa entstehen. Die Selbsthilfeorganisation der ehemaligen deutschen Juden in Israel besteht auch heute noch. Der Herausgeber bedankt sich für die warmherzige und umfassende Hilfe, die er bei den „Jeckes" und ihren Nachfahren in ihrer neuen Heimat erfahren hat.

Editorische Notiz

Der folgende Text „Die letzten Tage des deutschen Judentums" erschien erstmals im Jahre 1943 in Tel Aviv. Der Neudruck folgt der Vorlage ohne Kürzungen und Veränderungen, lediglich die Zahl der Absätze wurde zur besseren Lesbarkeit erhöht. Offensichtliche Rechtschreibfehler, wie zum Beispiel „Göbbels" statt „Goebbels", wurden stillschweigend berichtigt. Wenige inhaltliche Irrtümer wurden belassen und werden auf den nachfolgenden Seiten aufgegriffen.

DIE LETZTEN TAGE DES DEUTSCHEN JUDENTUMS

(BERLIN ENDE 1942)

EIN ERSCHUETTERNDES DOKUMENT
BERICHT EINES AUGENZEUGEN

Herausgegeben vom „Irgun Olej Merkas Europa"

Originalumschlag der anonymen Veröffentlichung von
Blanka Alperowitz aus dem Jahr 1943

Wir veröffentlichen den Tatsachenbericht

„DIE LETZTEN TAGE DES DEUTSCHEN JUDENTUMS"

unverändert in der Form, in der wir ihn erhalten haben. Wir glauben, dass gerade die Unmittelbarkeit der Berichterstattung und die einfache, persönliche Tatsachen aneinanderreihende Erzählung der Verfasserin ein wahrhaft erschütterndes Bild vermittelt von dem Leben und Sterben der grossen Gemeinschaft, die einst mit Stolz das deutsche Judentum wurde.

ALL RIGHTS RESERVED BY BITAON LTD., TEL-AVIV.

Als in der Nacht vom 10. November 1938 die Synagogen Deutschlands plötzlich in Flammen aufgingen, da bedeutete der Feuerschein, der sich am Himmel abhob, ein Signal dafür, dass ein neuer Abschnitt in der Leidensgeschichte der deutschen Juden begonnen hatte. Mit Angst und Schrecken erlebten wir Juden in Deutschland fast tagtäglich Massnahmen, die tief und schmerzlich in unser kulturelles, soziales und wirtschaftliches Leben eingriffen. Wir dachten oft, die Leiden hätten ihren Höhepunkt erreicht, und doch war diese ganze Zeit, seit der Machtübernahme Adolf Hitlers bis zur Zeit des Kriegsausbruches, paradiesisch zu nennen gegenüber der Zeitepoche, die mit dem Krieg für die Juden in Deutschland begann.

Gleich nach Kriegsausbruch merkten wir, dass Adolf Hitler sein Programm, das Judentum auszurotten und das jüdische Volk verelenden zu lassen, programmässig in die Tat umsetzte. Es verging fast kein Tag vom Beginn des Krieges bis auf den Zeitpunkt, da ich Deutschland verliess, dass nicht eine Verfügung herausgegeben wurde, die uns nicht in Angst und Schrecken versetzt hätte.

Bei diesen vielen Bestimmungen und Verfügungen, die für die Juden förmlich vom Himmel herunter regneten, sind drei Arten zu unterscheiden: Erstens Bestimmungen, die im Reichsblatt veröffentlicht wurden, von denen deshalb auch die Arier erfuhren; zweitens Bestimmungen, die nur im „Jüdischen Nachrichtenblatt" Platz fanden (das „Jüdische Nachrichtenblatt" ist ein Ersatz für das frühere „Jüdische Gemeindeblatt", das schon längst zu existieren aufgehört hatte); und drittens Bestimmungen der Gestapo, die der Jüdischen Gemeinde mündlich oder telefonisch mitgeteilt wurden und die unter den Juden von Mund zu Mund weitergegeben werden sollten. Welcher Art aber auch alle diese Bestimmungen gewesen sein mögen, eine Übertretung nur einer dieser Verfügungen zog die schärfsten polizeilichen Strafmassnahmen nach sich. Trotzdem gab es immer noch Juden oder Jüdinnen, die, besonders anfänglich, dachten, es wird alles nicht so heiss gegessen wie es gekocht wird.

Viele umgingen diese oder jene Vorschrift, aber über kurz oder lang hatten sie diese Übertretung schwer zu büssen. Ich will nun einige dieser Verfügungen hier wiedergeben, zum Beispiel: Kaum war der Krieg am 1. September 1939 ausgebrochen, setzte eine noch grössere Hetze als früher gegen die Juden ein. Presse und Rundfunk, Transparente an den Gebäuden, Plakate an Litfasssäulen und Häuserwänden überboten einander, um mit grellen Farben die Schuld der Juden am Kriege darzustellen. Sonderaktionen setzten ein, Männer wurden aus den Häusern geholt und in Konzentrationslager gebracht, aus denen sie meistens nicht mehr herauskamen, und die wenigen, die überhaupt noch zur Freiheit gelangten, befanden sich in einem Zustande, in dem sie für das Leben vollkommen unbrauchbar geworden waren.

Es war an der Tagesordnung, dass Ehefrauen, deren Männer in den Konzentrationslagern „gestorben worden" waren, wie wir uns auszudrücken pflegten, Depeschen erhielten, „Ihr Mann ... ist an Herzlungenentzündung gestorben". Auf die Anfrage, wann die Leiche frei gegeben werde, erhielten manche nach Wochen die Urne zugeschickt, andere mussten die Urnen abholen, und im Friedhof Weissensee zeugt eine lange, unübersehbare Reihe von solchen Urnengräbern von dem Martyrium der Juden Deutschlands, die, in ihrer Weise, auf dem Felde der Ehre während des zweiten Weltkrieges gefallen sind. Die Inhaftnahme von Männern hat fast nie aufgehört.

Allerdings ist zu bemerken, dass auch unzählige Arier in Konzentrationslager gebracht worden sind, manche nur, weil sie das Verbrechen begangen hatten, mit Juden freundschaftlich zu verkehren, oder wegen sogenannter „Rassenschande".

Das Wort „Rassenschande" ist in Nazi-Deutschland ein sehr weiter Begriff. So war mir z. B. folgender Fall bekannt: Ein jüdischer Mann war, wie das so oft geschah, gezwungen worden, sich von seiner arischen Frau scheiden zu lassen. Eines Tages hatte dieser Mann seine arische Frau, die ihn immer noch sehr liebte, heimlich besucht. Eine Nachbarin hatte es gemerkt und hatte nichts Eiligeres zu tun, als diesen Umstand einem Parteigenossen, dem „Blockwalter", zu melden. Ganz plötzlich klingelte es bei der Frau, sie öffnete, und zwei Polizeibeamte erschienen in der Tür. „Wo ist der Jude", fragten sie barsch, „den Sie hier versteckten?" Voller Angst flüchtete der jüdische Mann auf den Balkon. Schon war er an der Tür des Balkons, von dem er sich hinabstürzen wollte, als ihn ein Schuss des einen Polizeibeamten traf, und der Getroffene tot zusammenstürzte. Am anderen Tage erschien in allen Zeitungen eine Notiz, dass der jüdische „Gewaltverbrecher", der Jude Israel X. Y. einen Polizeibeamten überfallen hätte und dieser aus Notwehr den Juden erschiessen musste. Wenn diese Tatsache nicht voll der Wahrheit entsprechen würde und solche und ähnliche Fälle sich nicht leider sehr oft abgespielt hätten, man könnte glauben, dass ich einen kitschigen Kolportageroman hier erzählen will.

Und da ich nun gerade von „Gewaltverbrechern" rede, will ich nicht vergessen zu bemerken, dass fast täglich in den deutschen Zeitungen Berichte standen über „Gewaltverbrecher" – meist waren es arische – die wegen dieser oder jener Sache hingerichtet worden waren. An manchen Tagen berichtete die Presse über fünf bis acht Hinrichtungen. Aber sicher haben viel mehr Hinrichtungen stattgefunden, als in den Zeitungen bekanntgegeben wurde.

Diese kleinen Notizen gaben immer einen interessanten Einblick in Dinge, von denen wir (und auch die Arier) sonst nichts erfuhren. Wenn man Zeitung las, dann las man ja, was zwischen den Zeilen stand, und las das heraus, was eben nicht gedruckt wurde. Und das war natürlich immer das Interessanteste. Brachten doch alle Zeitungen im allgemeinen immer dasselbe, sogar manchmal mit dem gleichen Wortlaut.

Was nun die Hinrichtungen betraf, so war es interessant zu ersehen, dass sehr häufig Männer, mitunter auch Frauen, wegen „Landesverrates" hingerichtet wurden. Meist wurde als Grund angegeben, dass sie Nachrichten an fremde Mächte weitergegeben hatten, und zwar gegen Belohnung. Andere Hinrichtungen wieder fanden statt, weil die Bestraften (zu 99% waren es Arier) Lebensmittelkarten gefälscht oder verschoben, Verdunklungs- und Sittlichkeitsverbrechen begangen hatten. Die Aufzählung von Todesurteilen, die fast an keinem Tage ausblieb, stand in krassem Gegensatz zu den wiederholten Versicherungen des Führers und zu dem Inhalt der vielen Leitartikel, die immer wieder betonten, dass das jüdische Element endgültig aus dem politischen, wirtschaftlichen und kulturellen Leben ausgemerzt, und dass ein rassereines, heroisches, neues Deutschland entstanden sei, und Deutschland seine Ehre wiedergewonnen habe.

Um nun auf die Massnahmen und Bestimmungen zurückzukommen, die für Juden am Anfang des Krieges getroffen wurden, will ich einige der wichtigsten hervorheben. Gleich nach Beginn des Krieges wurde in allen Zeitungen streng darauf hingewiesen, dass es bei Zuchthausstrafe verboten sei, Auslandsender zu hören, und dass durch die „Lügen", die das Ausland über das neue Deutschland verbreite, nicht die Volksmoral schädlich beeinflusst werden dürfe. Es wurden dann bald auch in den Zeitungen die Namen der Arier veröffentlicht, die das Verbrechen begangen hatten, den englischen Sender oder sonst einen Auslandsender eines feindlichen Landes zu hören. Die Strafe belief sich meistens auf zwei bis acht Jahre Zuchthaus. Besonders die Weitergabe des Gehörten wurde sehr hoch bestraft.

In jenen Tagen – es war am Jom Kippur des Jahres 1939 (für Sonderaktionen suchte man sich mit Vorliebe immer die jüdischen Feiertage aus) – erschienen in allen jüdischen Behausungen des Morgens Polizeibeamte mit der Aufforderung, sofort das Rundfunkgerät zum nächsten Polizeirevier zu bringen. Diejenigen Juden, die gerade in der Synagoge waren, fanden, als sie heimkehrten, entweder eine schriftliche Aufforderung der Polizei vor, den Apparat sofort abzugeben, oder sie erhielten am folgenden Morgen nochmals den Besuch der Polizei.

Ich selbst wurde an jenem Jom Kippur von einer mir bekannten jüdischen Dame, die inzwischen schon längst nach Polen evakuiert worden ist, mit den Worten aus der Synagoge geholt: „Gehen Sie um Himmelswillen schnell nach Hause, nehmen Sie Ihren Rundfunkapparat aus der Wohnung und bringen Sie ihn sofort selbst zum nächsten Polizeirevier, damit Sie nicht wieder Besuch der Polizei erhalten."

Meine Freundin hatte es gut mit mir gemeint; ich hatte einige Tage vorher selbst grosse Aufregungen – bei mir war Haussuchung gehalten worden, – und sie wollte nicht, dass ich noch einmal einen so grossen Schrecken bekomme sollte. War doch erst einige Tage vorher eine ihr bekannte Dame plötzlich vom Schlag getroffen worden, als ein Polizeibeamter bei ihr erschien und sie wegen einer ganz harmlosen Sache etwas fragen wollte. Da damals gerade sehr viele Juden abgeholt und ins Konzentrationslager gebracht wurden, war sie der Meinung, man wollte auch ihren Sohn abholen, und als die Polizei bei ihr erschien und sie die Tür geöffnet hatte, brach sie vor Schreck tot zusammen.

Nachdem man uns Juden die Rundfunkanlagen weggenommen hatte, waren wir einerseits ganz zufrieden, dass wir von diesen Geräten befreit waren. Denn wir sagten uns, wenn wir jetzt noch Rundfunk hätten, würden die Arier, die mehr oder weniger zum Denunzieren angehalten wurden, bald Stoff für neue Verleumdungen haben und uns bezichtigen, dass wir Auslandsender gehört hätten. Glaubte man doch jede Lüge, die man über Juden verbreitete. Und man brauchte sich nur mit der Hauswartsfrau oder irgend einem Bewohner des Hauses schlecht zu stehen, dann genügte es schon, wenn einem nachgesagt wurde, man habe den Englandsender gehört, um sofort ins Zuchthaus zu kommen. Also wir waren zufrieden, dass wir wenigstens solch eine Verleumdung nicht zu befürchten hatten.

Es stand nichts von der Verordnung im Reichsblatt und das „Jüdische Nachrichtenblatt" gab keine Kunde davon. Dafür aber hatte Joseph Goebbels zu Weihnachten 1939 unzähligen Parteigenossen die Freude gemacht, ihnen Rundfunkgeräte zu schenken.

Wenn ich nun alle Einzelheiten und Erlebnisse wiedergeben sollte, müsste ich wirklich, glaube ich, jahrelang davon berichten. Ich will hier nur noch einige Erlebnisse und Bestimmungen anführen, die alle dazu beitrugen, uns das Leben zu vergällen. Es gab jeden Tag eine andere Neuigkeit. Eines Tages wurde von Mund zu Mund unter den Juden weitergesagt – ich erinnere mich noch, es war im Winter des ersten Kriegsjahres –, dass nach acht Uhr kein Jude mehr die Strasse betreten oder seine Wohnung verlassen darf. Es war dies ebenfalls eine Bestimmung, von der manche Arier noch bis in die letzte Zeit hinein nichts wussten, weil ja davon nie etwas im Reichsblatt gestanden hatte und auch nicht im „Jüdischen Nachrichtenblatt". Da die Partei von vornherein immer danach trachtete, den Verkehr zwischen Juden und Ariern möglichst zu hintertreiben, und nach aussen es immer so darstellte, als ob den Juden kein Haar gekrümmt werde, hatten die Arier von den meisten „Judenverordnungen" keine Ahnung. Erst im letzten Jahr wurde mit besonderem Nachdruck hervorgehoben, dass das Judentum ausgerottet werden müsse. Dennoch ist die Partei, wenigstens soweit ich es beurteilen kann, bis zum letzten Tage meines Aufenthaltes in Deutschland bemüht gewesen, möglichst alle Massnahmen gegen die Juden geheim zu halten.

Wie viele Verordnungen, ist auch das Ausgangsverbot anfänglich von vielen Juden nicht ernst genommen worden. Man sollte im Winter um 8 Uhr zu Hause sein, im Sommer um 9 Uhr. Auch die Nichtbefolgung dieses Gebotes hatte für manche schwere Folgen. Es war im Sommer 1941; da erschienen in vielen jüdischen Häusern abends, so gegen 9 Uhr, Polizeibeamte von der Gestapo, um zu sehen, ob die Juden auch zu Hause seien. Es kam oft vor, dass Einer noch nicht zu Hause war; die Beamten warteten, bis der Betreffende kam, manche kamen eine Stunde, manche nur 5 Minuten später; viele von ihnen wurden gleich verhaftet und in ein Arbeitslager gebracht, wo sie Zeit hatten (wie sich die Gestapo ausdrückte), darüber nachzudenken, dass man sich den Verordnungen anzupassen habe. Bei diesen Besuchen liessen sich die Beamten auch häufig die Lebensmittelvorräte in der Speisekammer zeigen, sowie das Bargeld, das man im Hause hatte, und es war ganz selbstverständlich, dass sie sowohl Lebensmittel, die nach ihrem Ermessen zu reichlich vorhanden waren, mitnahmen wie das Geld.

In jenem Sommer erschienen auch häufig solche Beamte, Gestapoleute, in den Gaststätten, besonders in den Biergärten, die damals schon vielfach die Aufschrift trugen „Juden unerwünscht" und machten Razzien auf Juden, die es noch gewagt hatten, bei der damals ausserordentlich grossen Hitze in irgend einem bescheidenen Winkel ein Glas Bier zu trinken. Ihre Personalien wurden sofort aufgeschrieben und die meisten von ihnen kamen später in ein Arbeitslager oder wurden, als die Evakuierungen begannen („Abwanderungen" nennt es heute die Gestapo), nach Polen gebracht.

Ich will dabei bemerken, dass damals noch nicht an allen Gaststätten die Tafel angebracht war mit dem Bemerken „Juden unerwünscht" oder, was nachher fast überall stand: „Juden ist der Eintritt verboten". Ich kann mir nicht denken, dass heute noch, wo die Evakuierungen fast tagtäglich stattfinden, eine Jude es wagen würde, eine Gaststätte oder ein Kino, Theater oder irgend eine öffentliche Stätte zu betreten. Allerdings gab es bei meinem Fortgang aus Deutschland (27. Oktober 1942) noch eine Gaststätte in Berlin für Juden, nämlich die Gaststätte Dobrin am Bahnhof Börse. Allerdings, so oft ich Gelegenheit hatte, in diese Gegend zu kommen, was nicht mehr allzu häufig geschah, da wir seit dem 1. Mai 1942 keinerlei Verkehrsmittel mehr benutzen durften, war diese Gaststätte meistens leer. War es doch häufig vorgekommen, dass ein Jude, der dort Platz genommen hatte, von der Gestapo herausgeholt wurde mit der Frage: „Haben Sie nichts anderes zu tun, als in Cafés herumzusitzen?" Die Folge davon war, dass kaum noch ein Jude wagte, die jüdische Gaststätte aufzusuchen.

Und so könnte ich unzählige andere Einzelheiten angeben. Zu diesen gehört auch das Verbot, sich auf Bänke zu setzen, die nicht für Juden bestimmt sind. Anfänglich unterschied man noch zwischen Judenbänken, die gelb angestrichen waren, und Bänken für Arier. Solche unterschiedliche Bänke gab es auf den meisten freien Plätzen. Später aber gab es auch keine Judenbänke mehr, denn Juden sollten Wald- und Parkanlagen, z.B. den Tiergarten, nicht mehr betreten. Ja, es gibt ganze Strassenzüge in Berlin, die den

Juden überhaupt verboten sind, wie z. B. die Strasse Unter den Linden, das Regierungsviertel, der Platz um die Kaiser-Wilhelm-Gedächtniskirche, ein Teil der Tauentzienstrasse und der Kurfürstendamm. Letztere Gegend dürfen nur solche Juden betreten, die dort noch wohnen (es dürften nicht mehr zu viele dort wohnen, die meisten sind evakuiert) und sich darüber ausweisen können.

Dass man als Jude stets die Kennkarte oder den Pass bei sich zu führen hat, ist ja selbstverständlich. Die Kennkarte hat der Jude schon deshalb stets bei sich zu führen, weil er im Falle des Fehlens dieses Dokuments einer hohen polizeilichen Strafe gewärtig sein muss. So hat eine mir bekannte Dame eine hohe Polizeistrafe erhalten, weil sie bei Abholung ihrer Lebensmittelkarten nicht sofort ihre Kennkarte vorgezeigt hatte, was in Deutschland als ein grosses Verbrechen gilt. Man muss beim Betreten einer Behörde (Finanzamt, Steuerbüro oder dergleichen) unaufgefordert dem Beamten, mit dem man verhandelt, die Kennkarte oder den Pass vorlegen.

Ebenso darf man niemals vergessen, den Namen Sarah oder Israel an erster Stelle anzugeben. Eine Dame meiner Nachbarschaft, die zufälligerweise, als ich Deutschland verliess, noch nicht „abgewandert worden" war, hatte einmal vergessen, auf einen Bezugsschein, in dem sie sich um eine Rolle weissen Garns bewarb, ihren Namen Sarah zu setzen. Sie erhielt für dieses „Verbrechen" drei Monate Gefängnis. Während andere Juden, die aus dem Gefängnis entlassen wurden (und die Zahl derer, die im Gefängnis gesessen hatten, war nicht gering), sofort im Anschluss an ihre verbüsste Strafe in ein Konzentrationslager kamen oder evakuiert wurden, war diese Frau noch immer zu Hause geblieben, und sie erzählte mir sogar, dass sie ganz anständig behandelt worden sei.

Zu den Verfügungen, von denen die grosse Masse der Arier nichts wusste, gehörte auch die Bestimmung, dass kein Jude Besitzer eines Telefonanschlusses sein dürfe. Gleich nachdem uns der Rundfunk weggenommen worden war, war es uns allen klar, dass wir nicht mehr allzu lange im Besitze unseres Telefons sein würden. Dennoch dauerte es noch eine geraume Zeit, bis wir von unserem zuständigen Postamt eine schriftliche Kündigung unseres Telefonanschlusses erhielten, und bald darauf wurde uns auch unser Telefonapparat fortgenommen und die Anschlussanlage in unserer Wohnung unbrauchbar gemacht.

Eine Ausnahme von dieser Bestimmung wurde nur bei jüdischen Rechtskonsulenten, Krankenbehandlern und Zahnbehandlern gemacht. Diese Titel mussten jetzt frühere jüdische Anwälte und Mediziner führen. Auch in den Einrichtungen der jüdischen Gemeinde durfte der Telefonanschluss beibehalten werden; und damit komme ich nun auf einen Punkt zu sprechen, der uns Juden besonders interessiert: die Jüdische Gemeinde.

Die Jüdische Gemeinde zu Berlin, die in Friedenszeiten immerhin die stattliche Zahl von 200–250.000 Seelen aufwies, führte während des zweiten Weltkrieges nur noch ein Schattendasein. Bald nach der Machtübernahme hatte sie aufgehört, eine juristische Person zu sein. Sie durfte nur noch den Namen führen „Jüdische Kultusvereinigung E. V. zu Berlin". Sie hatte aber nicht einmal die Befugnisse, die sonst ein Verein zu haben pflegte, und war in der letzten Zeit meines Aufenthaltes in Berlin, im Grunde genommen, nichts weiter als das Vollzugsorgan der Gestapo, die alles und jedes, was die Juden betraf, anordnete. Die „Jüdische Kultusvereinigung" hatte nur strikt und sofort das auszuführen, was die Gestapo jeweilig bestimmte.

Von einem regelmässigen Gottesdienst war in Berlin in der letzten Zeit überhaupt keine Rede mehr. Erstens schon deshalb nicht, weil seit dem 10. November 1938 die meisten Synagogen zerstört oder geschlossen worden waren. Mit dem Ausbruch des Krieges wurden immer mehr Synagogen beschlagnahmt und dienten zur Aufbewahrung von Militärvorräten aller Art. In der ersten Zeit des Krieges fand an Sabbath und Feiertagen noch regelmässiger Gottesdienst statt. In der letzten Zeit dagegen konnte an den hohen Feiertagen überhaupt kein Gottesdienst mehr stattfinden und war auch nicht mehr im Nachrichtenblatt angekündigt; sicherlich schon deshalb nicht, weil der grösste Teil der Rabbiner evakuiert worden war, die Juden schwer arbeiten mussten und es gar nicht wagen durften, für die Feiertage um einen Urlaub einzukommen. Dies hätte sicherlich die sofortige Evakuierung zur Folge gehabt. War es doch schon während der Feiertage 1941 vorgekommen, dass Gestapoleute am Rosch Haschanah und Jom Kippur in den einzelnen Synagogen, in denen noch Gottesdienst stattfinden durfte, erschienen und junge Männer, die der Arbeit ferngeblieben waren, um dem Gottesdienste beizuwohnen, aus der Synagoge heraus verhafteten und in ein Konzentrationslager brachten. Selbst wenn ein Gottesdienst noch im Sommer 1942 erlaubt oder möglich gewesen wäre, es hätte wohl niemand von uns Juden gewagt, diesen aufzusuchen.

Der jeweilige Vorstand der „Jüdischen Kultusvereinigung" wurde von der Gestapo bestimmt, zuletzt bestand der Vorstand meines Wissens nur aus vier Herren. Und mit der Reichsvereinigung war es ganz dasselbe; auch diese führte nur noch ein Schattendasein in Charlottenburg, in der Kantstrasse. Nachdem das Palästina-Amt sowie der Hilfsverein schon längst aufgelöst worden waren, wurde ein Teil der Mitarbeiter dieser Organisationen in die Reichsvereinigung aufgenommen. Aber eine grosse Zahl sowohl der Mitarbeiter der Reichsvereinigung als der Beamten der früheren Jüdischen Gemeinde waren in den letzten Monaten meiner Anwesenheit bereits evakuiert worden. Was nun die anderen Einrichtungen der ehemaligen Jüdischen Gemeinde betrifft, will ich bemerken, dass schon vor dem Ausbruch des Krieges im Schulwesen grosse Veränderungen eingetreten waren. Die höheren und mittleren Schulen der Gemeinde waren aufgelöst worden, und nur noch der Besuch jüdischer Volksschulen war gestattet. Nichtjüdische Schulen durften jüdische Kinder sowieso nicht besuchen, denn dies wäre ein arger Verstoss gegen das Gesetz zum Schutz der Reinerhaltung des deutschen Blutes gewesen. Vom 1. Juli 1942 ab wurden sämtliche jüdische Schulen von der Behörde aufgelöst und den jüdischen Kindern nicht einmal der Besuch eines jüdischen Kindergartens oder eines Tagesheims, wo sie während der Arbeit der Eltern sich aufhalten konnten, gestattet.

Ein solch jüdisches Tagesheim im ehemaligen Auerbach'schen Waisenhaus (Schönhauser Allee) durfte, so lange ich in Berlin war, noch existieren. Ich glaube aber nicht, dass es heute noch besteht. Von den jüdischen Waisenhäusern existierte nur noch das Auerbach'sche Waisenhaus, aber auch aus diesem wurden Zöglinge von der Gestapo zur Evakuierung herausgeholt, besonders Vollwaisen.

Was die jüdischen Altersheime betraf, mussten die Insassen bald von einem in das andere Altersheim ziehen, es wurden Altersheime zusammengelegt, weil die Gebäude nacheinander von der Partei für deren Zwecke beschlagnahmt wurden. Als die Evakuierungen nach Theresienstadt begannen, im Sommer 1942, wurden fast alle Altersheime leer, es bestanden nur noch ganz, ganz wenige, wie z.B. ein Altersheim in Köpenick oder eines in der Brunnenstrasse, das ehemalige Minna Schwarz-Heim. Diese hatten in der letzten Zeit meines Wissens nur noch als Sammellager für die alten Leute gedient, die sich dort noch 2–3 Tage aufhalten durften, ehe sie nach Theresienstadt evakuiert wurden. Dass das Jüdische Museum und die Jüdische Bibliothek kurze Zeit nach der Machtübernahme zu existieren aufgehört hatten, ist eine so bekannte Tatsache, dass ich hier nicht darauf einzugehen brauche.

Das Jüdische Krankenhaus in der Iranischen (Exerzier-)

Strasse existierte noch. Sein Betrieb und seine Mittel waren aber auch stark eingeschränkt worden. Die Nervenstation war überhaupt aufgelöst worden. Auch hier, wie in anderen Institutionen des Jüdischen Kultusvereins, hatten wiederholt Haussuchungen von der Gestapo stattgefunden, bei welcher Gelegenheit Lebensmittel und auch Wäschevorräte mitgenommen worden waren. Das Krankenhaus war in letzter Zeit ständig überfüllt, besonders von Selbstmordkandidaten, denen ihr Vorhaben nicht gelungen war.

Wir anderen Juden fragten uns oft: Wozu ruft man diese armen Menschen wieder ins Leben? Wir beneideten einen jeden, der seine Augen für immer schloss, und betrachteten es immer als eine grosse Gnade, wenn einer von uns auf natürliche Weise starb. Im Friedhof Weissensee war dementsprechend auch niemals Mangel an Arbeit. Die Zahl der Beerdigungen nahm so überhand, dass eine Leiche oft zehn bis zwölf Tage liegen bleiben musste, bis man sie bestatten konnte.

Nebenbei: der Weg nach Weissensee war eigentlich noch der einzige Ausflug, den ein Jude unternehmen konnte; und als vom 1. Mai 1942 ab uns auch die Benutzung der Verkehrsmittel untersagt wurde, da hörte auch dieser „Ausflug" allmählich auf. Nur selten konnte jemand einem seiner Lieben das letzte Geleite geben, schon deshalb nicht, weil man von früh bis spät schwer zu arbeiten hatte und es keiner wagte, die Arbeit zu versäumen. Dann aber auch war nicht jeder, der in sehr grosser Entfernung von Weissensee wohnte, imstande, den Weg zu Fuss zu machen. Die Hinterbliebenen erhielten nur dann die Fahrterlaubnis, wenn es sich um den Tod eines Elternteiles handelte. Es war verboten in Todesanzeigen auf Selbstmord hinzuweisen, bei Doppelselbstmorden müssten zwei Anzeigen in verschiedenen Nummern veröffentlicht werden. Und so erstarb schon aus diesen technischen Gründen überhaupt das jüdische Leben immer mehr und mehr. Dass der Kulturbund schon längst verboten und aufgelöst war, braucht wohl hier nicht mehr gesagt werden.

Und nun will ich noch auf die Art der Arbeit zu sprechen kommen, die von der „Jüdischen Kultusvereinigung" geleistet wurde. Einzelne Verwaltungseinrichtungen in der Oranienburgerstr. und in der Rosenstrasse bestanden noch vor meiner Abreise, ebenso noch die Kleiderkammer in der Chorinerstr. und die Möbelkammer in der Greifswalderstr. Aber auch hier führten natürlich alle Einrichtungen nur noch eine Schattenexistenz und hatten nun die Befehle der Gestapo auszuführen.

Ich selbst hatte im Winter 1941/42 auf Grund meines Treuverhältnisses (ich war Lehrerin der Jüdischen Gemeinde) im Katasteramt zu arbeiten. Es verging fast kein Tag, an dem nicht die Gestapo anrief oder einige ihrer Beamten persönlich erschienen, um uns ihre Aufträge zu erteilen, die sofort durchgeführt werden mussten. Wir haben mitunter Tag und Nacht ununterbrochen arbeiten müssen, und die Mitglieder der Reichsvereinigung kamen oft herüber, um uns zu helfen, die uns auferlegte Arbeit, in der meist sehr kurz bemessenen Zeit zu erfüllen.

So mussten z. B. mitunter innerhalb von zwei Tagen von sämtlichen noch in Berlin vorhandenen Juden das Nationale mitgeteilt oder berichtet werden, wo und wie lange jeder arbeitet; oder es musste innerhalb 24 Stunden auf Befehl der Gestapo jedem einzelnen Juden mitgeteilt werden, dass er diesen oder jenen Gegenstand sofort abzugeben hätte, widrigenfalls er mit einer harten Polizeistrafe zu rechnen habe. Man kann sich kaum vorstellen, wie fieberhaft wir oft haben arbeiten müssen und wie schwer es war, immer den gestellten Anforderungen nachzukommen.

Wir waren deshalb, besonders im Katasteramt, fast jede Stunde damit beschäftigt, die Kartothek richtig in Ordnung zu halten, schon aus dem Grunde, weil fast tagtäglich Anrufe der Gestapo kamen, die Auskunft haben wollte über diesen oder jenen Juden, oder über seine Tätigkeit. Das Material musste immer bereit liegen und wir hatten mit den grössten Unannehmlichkeiten zu rechnen, wenn es nicht vorhanden war.

Von den Bestimmungen, die die Gestapo herausgab, will ich nur einige als Beispiel anführen. Der Fülle der Verordnungen war so gross und wir lebten ständig, ein jeder von uns, so in Schrecken und Angst, dass mir heute gar nicht mehr alles so recht gegenwärtig ist, und ich kann es heute noch immer nicht fassen, dass ich diese ganze entsetzliche Zeit des Schreckens habe überstehen können.

So hatte der Jüdische Kultusverein eines Tages sämtlichen Mitgliedern einen Brief zu senden, in dem sie aufgefordert wurden, innerhalb 24 Stunden ihre sämtlichen Pelzsachen, Wollsachen, Stricksachen bei der Jüdischen Kultusvereinigung abzuliefern. Ich selbst wurde damals für die Arbeit des Aufstapelns und des Ordnens dieser Pelze beurlaubt. Wir haben tagelang im Raum der Alten Synagoge, die fast bis zur Decke mit Pelzen und Wollsachen gefüllt war, gearbeitet und geholfen, die Sachen auf Möbelwagen laden, die sie der Partei zuführten. Auch andere Synagogen, wie z.B. die Synagoge Thielschufer (früher Cottbuser Ufer), Joachimsthalerstr., pflegten bei solchen Sammlungen mit den den Juden abgenommenen Gegenständen gefüllt zu sein. Jüdische Helfer mussten zugreifen, alle den Juden entwendeten Dinge zu ordnen, zu sammeln und der Gestapo zuzuführen.

Damals, es war im Winter 1941/42, war es sehr kalt. Die arischen Bürger brachten „freiwillig", wie die Presse es allgemein mitteilte, ihre Pelz- und Wollsachen dem Vaterlande zum Opfer. So wenigstens wurde tagtäglich in Bild und Schrift der Menge Mitteilung gemacht. Ich glaube aber nicht, dass die arischen Frauen alle ihre Pelzmäntel abgeliefert haben. Im Gegenteil, wenn wir arische Frauen in kostbaren Pelzmänteln spazieren gehen sahen, dann fragten wir uns immer: Stammen diese Pelzmäntel aus den jüdischen Pelzgeschäften, die man am 10. November 1938 ausgeraubt hatte, oder sind das die Pelzmäntel, die die Juden jetzt haben abliefern müssen?

Zu den vielen Verfügungen, die wir selber schriftlich unseren Gemeindemitgliedern mitzuteilen hatten, gehörte auch die Anordnung, innerhalb von 3 Tagen sämtliche elektrischen Geräte abzuliefern, wie Heizkissen, Staubsauger, Plätteisen, Herde usw. Kein Jude durfte mehr ein elektrisches Gerät, ausser den Lampen, im Hause behalten. Auch elektrische Kocher oder Fön-Apparate und dergl. durften wir nicht haben. Über eine Schreibmaschine durfte kein Jude mehr verfügen. Eine Ausnahme wurde nur, wie schon gesagt, bei den verschiedenen Einrichtungen der Jüdischen Kultusvereinigung gemacht, oder bei den jüdischen Rechtskonsulenten und Krankenbehandlern, die ja die erwähnten Gegenstände notwendig für ihren Beruf brauchten.

Eine sehr gefürchtete Einrichtung der Kultusvereinigung war die Wohnungsberatungsstelle (Oranienburger Strasse). Wenn ein Brief von der Oranienburger Strasse kam und man sah das gefürchtete Wort „Wohnungsberatungsstelle", dann geriet man in Angst und Schrecken. Ein solcher Brief enthielt nie etwas Angenehmes. Die Wohnungsberatungsstelle hatte ebenfalls, wie alle anderen Stellen der Kultusvereinigung, nur den Willen der Partei zu vollziehen. Die Tendenz der Partei, nach und nach die Häuser sowie Strassen Berlins möglichst schnell judenrein zu gestalten, wurde mit der Fortdauer des Krieges in immer stärkerem Masse in die Tat umgesetzt. Die Hauseigentümer konnten so gut wie keine Bestimmungen über ihre Häuser treffen.

Schon vor dem Kriege hatten zahlreiche Juden auf Anordnung der Behörden ihre Wohnung zu verlassen. Sie durften ihre Wohnung weder kündigen noch eine Wohnung mieten. Wenn sie eine Kündigung erhalten hatten – und das kam ja fast alle Tage vor – hatten sie sich zur Wohnungsberatungsstelle der Jüdischen Kultusvereinigung zu begeben und diese hatte ihnen dann in einem jüdischen Hause eine Wohnung oder, wenn eine solche nicht zu finden war, ein Zimmer anzuweisen.

Mit dem Augenblick, als die Evakuierungen anfingen – in Berlin im Oktober 1941 (in anderen Städten, z. B. in Stettin, hatte es schon früher begonnen) – da war der Empfang eines Briefes von der Wohnungsberatungsstelle gleichbedeutend mit dem Empfang eines Todesurteils. Denn an die Kündigung schloss sich gewöhnlich nach einigen Tagen die Evakuierung an.

Die Jüdische Kultusvereinigung hatte sich natürlich immer mehr und mehr unseren traurigen Lebensbedingungen anzupassen. Oft fragt man: Wovon existierte denn eigentlich noch die Jüdische Kultusvereinigung? Ich kann darauf nur antworten, dass sie wohl zum grössten Teil von den Geldern lebte, die die Vermögensabgabe der Auswanderer ihr eingebracht hatte. Noch im ersten Kriegsjahre war es ja vielen Glücklichen beschieden, ihren heiss ersehnten Wunsch, auswandern zu dürfen, in die Tat umzusetzen. Bis zum Eintritt Amerikas in den Krieg gelang es noch sehr vielen Juden, nach Südamerika oder in die Vereinigten Staaten auszuwandern, einige konnten noch nach Shanghai kommen, wenn auch unter grossen Mühen und Anstrengungen, und es gingen sogar noch mit Erlaubnis der Gestapo einige Sondertransporte nach Palästina. Alle diese Auswanderer hatten vorher eine ziemlich hohe Vermögensabgabe bei der Jüdischen Kultusvereinigung sicherzustellen. Ohne eine Bescheinigung der Kultusvereinigung über diese Abgabe war es gar nicht möglich, in der jüdischen Auswanderungsstelle Kurfürstenstrasse (im Gebäude des ehemaligen Brüdervereins) alle Formalitäten für eine Ausreise zu erfüllen.

Hier, in dieser jüdischen Auswandererstelle, waren alle die Stellen von der Behörde eingerichtet, die den Juden erst das Auswandern ermöglichten. So war hier eine Filiale vom Finanzamt untergebracht, vom Devisenamt und von der

Zollabfertigung. Ich selbst hatte das Auswandereramt in der Kurfürstenstrasse wiederholt aufzusuchen, da ich mich mehrfach, aber leider immer vergebens, um meine Ausreise nach Palästina bemüht hatte. Was es bedeutete, nach dem Hause Kurfürstenstrasse 116 zu gehen, kann nur der ermessen, der die Ängste miterlebte, die man ausstand, wenn man, mit seinen Papieren und seiner Nummer bewaffnet, dort stundenlang zu warten hatte. Als auch diese Stelle aufgelöst wurde und jede Möglichkeit genommen war, aus Deutschland hinauszukommen, war man zwar tief erschüttert und betrübt, aber andererseits erleichtert, dass man nicht mehr dieses Gebäude Kurfürstenstr. 116 aufsuchen musste.

Eine andere, noch zuletzt sehr wichtige Einrichtung der Kultusvereinigung war das jüdische Arbeitsamt in der Rosenstrasse. In der ersten Zeit des Krieges und noch bis in die letzten Monaten vermittelte sogar das Allgemeine Arbeitsamt der Stadt Berlin, Fontanepromenade Neukölln, das eine jüdische Abteilung hatte, den Juden Arbeit. Juden durften arbeiten, auch in grossen arischen Betrieben, soweit diese überhaupt Juden in ihrer jüdischen Abteilung beschäftigten. Sollten doch im Allgemeinen Juden nicht mit Ariern in Berührung kommen. In dem Masse, wie auch arische Männer und Frauen freiwillig, aber auch unfreiwillig, sich der Allgemeinheit zur Arbeit zur Verfügung stellten, wurden auch jüdische Männer und Frauen zur Arbeit aufgerufen. Ja, die Arbeit war in der letzten Zeit, soweit es einen Schutz gab, überhaupt das einzige Mittel, sich vor der Evakuierung zu retten.

Das jüdische Arbeitsamt in der Rosenstrasse stand, soweit man noch jüdische Arbeiter und Arbeiterinnen brauchte, in steter Verbindung mit dem Arbeitsamt in der Fontanepromenade, und hatte oft, bevor noch die Gefahr der Evakuierung drohte, an Juden schriftlich und mündlich die Frage gerichtet, ob sie arbeiten und welche Arbeit sie wohl verrichten können. Leider hatten sich bei den ersten Anfragen des jüdischen Arbeitsamtes nicht alle Juden und Jüdinnen, die kräftig und gesund waren, gemeldet. Sie alle haben es später schwer büssen müssen.

Denn mit der dauernden Zunahme der Evakuierungsfälle war das Arbeitsamt Fontanepromenade immer weniger geneigt, Arbeitsbücher auszustellen und Arbeit zu vermitteln, weil man merkte, dass die Juden, die jetzt um Arbeit nachsuchten, es meist nur taten, um sich vor der Evakuierung zu retten. In der letzten Zeit meiner Anwesenheit ging kein Jude mehr zum Arbeitsamt Fontanepromenade, weil er dann sofort der Gestapo zur Evakuierung empfohlen worden wäre.

So war es also so weit gekommen, dass jeder Jude oder jede Jüdin, die bei der Strassenreinigung, bei der Müllabfuhr oder in den Siemens-Werken oder sonst in einem arischen Betrieb von früh bis spät schwer arbeiteten, glühend von den Glaubensgenossen beneidet wurde, die es verabsäumt hatten, sich rechtzeitig nach einer Arbeit umzusehen. Die in den arischen Betrieben beschäftigten Juden erhielten zwar weniger Lohn als ihre arischen Arbeitskollegen und hatten auch an allen anderen, den arischen Arbeitern zustehenden Privilegien keinen Anteil, aber trotz ihres verhältnismässig geringen Lohnes erhielten sie doch gerade genug, um ihr Leben zu fristen. Dass die arische Behörde auch die Gehälter der bei der jüdischen Kultusvereinigung beschäftigten Pensionäre und Angestellten beträchtlich herabgesetzt hatte, will ich hier nur nebenbei erwähnen.

Jedes Mitglied hatte an die „Jüdische Kultusvereinigung" eine Kopfsteuer zu zahlen und diejenigen Juden, die ein höheres Einkommen hatten, wie z. B. jene, die von ihrem Sperrkonto eine gewisse Summe abheben durften, hatten einen ihrem Vermögen entsprechenden Beitrag (früher Jüdische Gemeinde-Steuer) zu zahlen. Es hatte auch jeder Jude, der über ein Sperrkonto verfügte, von dem Devisenamt und der Gestapo die Erlaubnis erhalten, für gewisse Zwecke, z. B.

für Arztrechnungen oder für Zuwendungen an die Jüdische Kultusvereinigung, gewisse Summen abheben zu dürfen. Diejenigen Gemeindemitglieder, die über ein Sperrkonto verfügten und in einem arischen Betrieb beschäftigt waren, erhielten für ihre Arbeit zwar auch einen gewissen Lohn, aber dieser wurde auf ihr Sperrkonto gutgeschrieben. Wollten sie Geld von ihrem Sperrkonto haben für einen anderen, als einen ausdrücklich gestatteten Zweck, dann mussten sie die Notwendigkeit nachweisen.

Bevor ich nun dieses Gebiet des jüdischen Gemeindelebens verlasse, will ich noch einiger kleiner Bestimmungen Erwähnung tun, die auch von Interesse sein dürften. Eines Tages wurde durch mündliche Ansage bekanntgegeben, dass Juden ihre Schuhe bei einem arischen Schuhmacher nicht mehr zur Reparatur geben können. Zu diesem Zwecke musste man sich zu einer bestimmten Schuhmacherwerkstatt begeben, genannt „ALSI", die nur zwei Stellen in Berlin hatte. Da diese Stellen sehr weit waren und nicht jeder Kraft und Zeit hatte, dorthin zu gelangen, so musste man schlecht und recht sehen, wie man mit seinen zerrissenen Schuhen auskam. Es ist noch ein Wunder, dass die Juden dennoch im Allgemeinen ganz gut gekleidet aussahen. Zum Teil ist es wohl auch darauf zurückzuführen, dass die meisten Juden bei Ausbruch des Krieges für die Auswanderung vorbereitet waren und sich, wie die meisten meiner Freunde und ich auch, mit genügend Schuhwerk und den notwendigsten Kleidungsstücken versehen hatten. Auch hatte mancher noch einen guten arischen Freund von früher, der ihm heimlich dazu verhalf, die Schuhe ausbessern zu lassen. Und auf diese und verschiedene andere Weisen suchte man einander zu helfen und konnte, wie auch auf anderen Gebieten, z. B. in der Kleiderfrage (eine Kleiderkarte bekamen wir nicht), einigermassen bestehen. Berlinisch ausgedrückt, sagte man: „Man schlängelte sich so durch".

Während wir noch in der ersten Zeit des Krieges Zeitungen beziehen durften wie alle anderen Mitbürger, so wurde plötzlich – auch wieder nur mündlich – bekanntgegeben, dass wir keine Zeitung mehr halten durften. Eines Tages warf mir meine Botenfrau einen Zettel in die Wohnung: Vom 1. Mai ab darf ich Ihnen die Zeitung nicht mehr bringen. Nebenbei gesagt, hatte diese Botenfrau mir über zehn Jahre meine Zeitung zugestellt und immer am 1. pünktlich nicht nur den Botenlohn, sondern auch ein gutes Trinkgeld bekommen.

Wie manche andere Glaubensgenossen, bestellte ich mir nun durch die Post eine Zeitung, den „Lokalanzeiger". Es war ja gleich, welche Zeitung man hielt, sie brachten alle dasselbe. Aber kaum hatte ich 2 Monate lang regelmässig durch die Post meine Zeitung erhalten, als der Postbote mir eines Morgens erklärte: An Juden darf durch die Post keine Zeitung mehr ausgegeben werden. Nun kaufte ich mir jeden Tag eine Zeitung in einem Papierladen, oder an einem Zeitungskiosk. Damit wären wir ja auch ganz zufrieden gewesen. Aber dann hiess es plötzlich: Juden dürfen überhaupt keine Zeitungen mehr kaufen, auch nicht zwischen 4 und 5 nachmittags, der einzigen Stunde am Tage, in der wir überhaupt einkaufen durften.

Wir mussten also sehen, wenn wir Zeitung lesen wollten, uns heimlich eine solche durch arische Beziehungen zu verschaffen oder, was direkt mit Lebensgefahr verbunden war, in einem fremden Stadtviertel, wo man uns nicht kannte, den Davidstern zu verdecken und eine Zeitung zu kaufen. Es gab aber Fälle, wo eine solche Waghalsigkeit dem jüdischen Käufer die Evakuierung einbrachte.

Wie ich schon erwähnte, durften wir vom 1. Mai 1942 ab kein öffentliches Verkehrsmittel mehr benutzen. Diese Verfügung bedeutete wieder einen schmerzlichen Einschnitt in unser ohnehin schon schweres Leben. Wer allerdings einen Arbeitsweg über 7 ½ km zurückzulegen hatte, erhielt vom Polizeirevier mit Bestätigung der Gestapo eine schriftliche

Fahrterlaubnis, die man beim Besteigen und Verlassen eines Verkehrsmittels (Strassenbahn, Omnibus und Stadtbahn) ungefragt vorzuzeigen hatte. Auch durfte man keine Fahrkarte ohne Vorzeigen dieser Fahrterlaubnis lösen. Allen anderen Juden, die solch eine Fahrterlaubnis nicht besassen, war überhaupt das Betreten von Bahnhöfen und Wartesälen strengstens verboten.

Aber auch diejenigen Juden, die über eine Fahrterlaubnis verfügten, wurden nicht den anderen, arischen Fahrgästen gleichgestellt. Beim Einsteigen hatte ein Jude zu warten, bis alle arischen Fahrgäste eingestiegen waren. Da in den verkehrsreichen Zeiten, morgens, mittags und gegen Abend bei Geschäftsschluss von 5 Uhr ab, die Verkehrsmittel alle überfüllt waren, musste man oft lange warten, bis man einsteigen konnte. Und war man eingestiegen, durfte man sich nur setzen, wenn alle Arier Platz gefunden hatten. Infolge Überfüllung der Züge oder Strassenbahnen, standen die Juden immer und setzten sich auch nicht, wenn einmal ein Platz frei wurde, weil sie ja gleich wieder aufstehen mussten, wenn ein Arier den Wagen betrat.

In der ersten Zeit dieser Verfügung zeigten sich viele arische Leute, von denen die meisten keine Ahnung von der Bestimmung hatten, sehr mitleidig. Sie standen oft auf, wollten uns ihren Platz geben, oder machten ganz leise Bemerkungen gegen die Behörde, die nicht gerade freundlich klangen. Allmählich aber gewöhnten sie sich an die neue Verfügung, es kam nur noch sehr selten vor, dass jemand einem Juden Platz machen wollte. Und so gab es viele, viele Bestimmungen und Verfügungen, die alle mehr oder weniger den Zweck hatten, uns das Leben in jeder Beziehung zu vergällen und uns in den Augen unserer arischen Mitbürger herabzusetzen.

Eine Frage, die sehr oft an mich gerichtet wird, ist: „Wie war die Ernährungslage in Deutschland?" Um diese Frage zu beantworten, will ich von der Ernährungslage im allgemeinen sprechen und im Anschluss daran von der Ernährungslage der Juden. Die Ernährung im allgemeinen wurde, je mehr der Krieg fortschritt, immer schlechter. Am Anfang des Krieges suchten natürlich alle Bürger, die noch den ersten Weltkrieg in Erinnerung hatten, zu hamstern, was noch irgendwie zu hamstern war. Wir Juden hätten es natürlich auch gerne getan, da aber die meisten von uns immer noch hofften, auswandern zu können und mit ihrer Auswanderung beschäftigt waren, legten sie schon aus diesem Grunde keinen Wert darauf, sich Lebensmittel für die Zeit der Not wegzulegen. Aber auch ohne Auswanderungsabsichten wäre es sehr gefährlich gewesen, so etwas zu tun, weil bei dem starken Antisemitismus und bei den häufigen Haussuchungen, die schon bei Ausbruch des Krieges bei Juden oft vorkamen, es für uns besonders gefährlich gewesen wäre, sich Lebensmittel hinzulegen. Also waren wir schon aus diesen Gründen von vornherein schlechter gestellt als die Arier.

Bald nach Ausbruch des Krieges wurde alles rationiert; es gab nur wenige Dinge, die nicht rationiert waren, wie z. B. Gemüse, Obst, Kartoffeln, Fische. Am Anfang des Krieges hat man nicht gehungert, und die Rationen, die uns durch Lebensmittelkarten zugewiesen waren, wie z. B. Fleisch, Fett, Brot, Kuchen, Milch und noch anderes, waren für alle, auch für Juden, gleich bemessen und die uns zugewiesenen Lebensmittel erhielten wir auch ohne „anstehen" zu müssen. Das erste Kriegsjahr war noch erträglich und man konnte es auch ohne Vorräte ganz gut überstehen. Bald aber änderte sich die ganze Lage.

Je mehr der Krieg fortschritt, desto schlechter wurde die Ernährungslage. Es gab bald nichts mehr ohne Karte, die Rationen wurden für alle herabgesetzt, und bestimmte Lebensmittel bekamen nach und nach Juden überhaupt nicht mehr, z. B. für Fische, Räucherwaren, Milch, Eier, Fleisch, Früchte, Spirituosen, Hülsenfrüchte, Süssigkeiten und noch einige andere Dinge durften sich Juden überhaupt nicht mehr eintragen lassen. Soweit die Nummer für diese erwähnten Dinge auf ihren Lebensmittelkarten vorhanden waren, wurden diese schon bei deren Ausgabe mit dem Worte „ungültig" bedruckt. Auch Weizenmehl, Weissbrot, Kuchen durfte an Juden nicht abgegeben werden. An jedem Bäckerladen stand geschrieben: „Weizenmehl und Kuchengebäck darf an Juden und Polen nicht abgegeben werden." Dass an jedem Geschäft ein Plakat angebracht war: „Für Juden und von Juden darf nur zwischen 16 und 17 Uhr eingekauft werden" – war selbstverständlich. Am Sonnabend durften überhaupt Juden keinen Laden betreten. Eine Apotheke durften wir nur morgens von 9–10 Uhr aufsuchen. In ganz dringenden Fällen musste auf dem Rezept, dass ein Jude dem Apotheker gab, vermerkt sein, dass die verschriebene Arznei unbedingt notwendig sei.

Das Einkaufen, zu dem der Jude auch immer nur in abgehetztem Zustande kam, manchmal nur ein oder zweimal in der Woche, bedeutete ein wahres Martyrium, schon deshalb, weil immer irgend eine liebevolle Naziseele, meistens eine Person aus der nationalen „Frauenschaft", eifrig aufpasste, dass nur nicht ein Jude eine Minute früher den Laden betrat oder eine Minute später den Laden verliess, als erlaubt war. War doch Angeberei ein besonderes Vergnügen bei diesen Leuten und wurde auch gut belohnt. Auch mussten sich die Geschäftsleute sehr in Acht nehmen, einem Juden (was anfänglich öfter vorkam) heimlich etwas in die Tasche zu stecken, worauf er keinen Anspruch hatte. Zum Beispiel eine Zwiebel, oder einen Apfel, oder in der ersten Zeit, als alles noch reichlicher vorhanden war, einem Juden heimlich etwas zuzuflüstern, er solle mal nachher mit rankommen, oder sonst einem Juden heimlich etwas Liebes zu erweisen.

Solche Beweise menschlichen Mitgefühls seitens arischer Geschäftsinhaber hatten für diese oft die schlimmsten Folgen. Sie wurden als „Judenknechte" von der Partei bezeichnet, denn es redete sich ja immer schnell in arischen Kreisen herum, wenn irgendeiner ein „Judenknecht" war und bald sah man, besonders an den Türen jener Geschäfte, in denen Juden noch anständig behandelt worden waren, Plakate hängen, auf denen die liebevollen Worte standen: „Juden ist der Eintritt verboten" oder „Juden werden nicht bedient". Zuletzt kam es oft vor, besonders in Charlottenburg, dass man lange wandern musste, bis man ein Geschäft fand, an dem *nicht* so ein Plakat hing, sondern nur das gewöhnliche Plakat „Von Juden und für Juden … usw." Solch ein Geschäft war für uns jüdische Hausfrauen schon ein judenfreundliches Geschäft. Hier konnte man sich wenigstens für seine Wochenrationen eintragen lassen.

Wir erhielten alle vier Wochen neue Lebensmittelkarten. Jeder Jude hatte in seinem Bezirk, in dem er wohnte, eine Kartenausgabestelle. So musste ich mich zu diesem Zwecke zum Rathaus meines Wohnbezirkes begeben, wo in einem bestimmten Zimmer an einem bestimmten Tage, meistens an einem Freitag zwischen 1 und 3 Uhr, neue Lebensmittelkarten für Juden ausgegeben wurden. Schon vor Ausgabe der Lebensmittelkarten standen in der ersten Zeit des Krieges sehr viel Juden „Schlange", um zeitig die Karten in Empfang zu nehmen; denn in dem Zimmer, in welchem wir die Karten erhalten sollten, wurden auch Arier abgefertigt, die dort Bezugsscheine forderten für Stoffe, Schuhwaren usw. Da nun immer sehr viel Arier kamen, mussten wir immer warten, bis diese abgefertigt waren; und wenn wir noch so lange gestanden hatten, erst wurde der Arier abgefertigt, der lange nach uns gekommen war.

Wenn wir die neuen Lebensmittelkarten abholten, hatten wir ungefragt Kennkarte oder Pass vorzulegen, ferner den Haushaltsausweis, der nicht alle vier Wochen die Gültigkeit verlor wie die anderen Karten, und eine Vollmacht für die Person, für die wir gleichfalls die Lebensmittelkarten mitbesorgten, weil ja viele an ihren Arbeitsplatz gefesselt waren und nicht Gelegenheit hatten, sich die Lebensmittelkarten zu besorgen. Bei jeder Ausgabe von Lebensmittelkarten, also alle vier Wochen, gab es für uns Juden eine neue Überraschung. Dass jede Lebensmittelkarte mit einem grossen J versehen war, oder auf den meisten Abschnitten, auf die es etwas Besonderes gab (wie z. B. eine Extraration Käse oder mal Reis oder Bohnen oder sonst etwas, weil es weniger Kartoffeln gegeben hatte), „Ungültig" stand, war an sich selbstverständlich. Die Überraschungen waren ganz anderer Art und steigerten sich mit dem Fortschreiten des Krieges.

So war die erste Überraschung schon nach wenigen Kriegsmonaten, dass wir Juden keine Milchkarte erhielten. Bald darauf war die Kuchenkarte „nur noch für Schwarzbrot" gültig. Ein andermal bekamen wir keine Eierkarten mehr, oder wir durften uns nicht mehr für Fisch- und Räucherwaren eintragen lassen. Auch war die Abgabe von Delikatessen, kondensierter Milch, Spirituosen und anderer Dinge an Juden verboten. Zuletzt erhielten wir auch keine Fleischkarten mehr. Wir hatten vorher noch, wie die Arier, 300g Fleisch wöchentlich kaufen können. Eines Tages erschien fett gedruckt in allen Zeitungen die Kunde: „Es gibt mehr Fleisch." Die Arier erhielten von nun ab 350g Fleisch wöchentlich, die Juden überhaupt kein Fleisch mehr. Letztere Tatsache war natürlich nicht in der Presse vermerkt.

Als ich das letzte Mal, Anfang Oktober 1942, meine Lebensmittelkarten abholte (vor der Tür standen diesmal sehr wenige Juden, weil die meisten schon evakuiert waren), da wurde mir von verschiedenen Seiten leise mitgeteilt, dass wir von der nächsten Verteilungsperiode ab, also ab November, auch keine Karten für Zucker und Marmelade mehr erhalten werden. Zucker haben wir allerdings in Deutschland wohl reichlicher bekommen als in Palästina. Wir erhielten ebenso wie die Arier 900g Zucker und 700g Marmelade monatlich. Wer auf Marmelade keinen Wert legte, konnte statt der Marmelade auch Zucker erhalten, allerdings in geringer Menge. Ehe ich dieses Gebiet der Ernährungsfrage verlasse, möchte ich noch einige Einzelheiten bringen, die auch ein interessantes Licht auf die ganze Situation werfen, in der sich sowohl Arier wie Juden befanden. Bekanntlich gab es in Deutschland, wenigstens für die Zivilbevölkerung, so gut wie gar keinen Kaffee oder echten Tee (wir tranken sogenannten Brusttee, ein Gemisch aus allerhand Kräutern, Pfefferminztee usw.). Eines Tages, es war noch am Anfang des Krieges, hiess es: Jeder Volksgenosse erhält auf einen bestimmten Abschnitt der Lebensmittelkarte ein Achtel Pfund oder zirka 75g Kaffee, und man solle diesen Abschnitt, auf den der Kaffee zu beziehen war, bei seinem Kaufmann eintragen lassen. Natürlich glaubten wir Juden, da wir ja bisher alles wie die Arier bekommen hatten, dass auch wir uns für Kaffee eintragen lassen könnten, und viele von uns gaben den für Kaffee bestimmten Abschnitt bei ihrem Einzelhändler ab. Am nächsten Tage stand an den Litfassäulen, was sonst nie vorkam: „Auf die mit J bezeichneten Abschnitte darf Kaffee nicht abgegeben werden!"

Alle die Juden, die nun den bezeichneten Abschnitt auf ihrer Lebensmittelkarte nicht mehr hatten, weil er doch abgeschnitten war, erhielten später eine polizeiliche Geldstrafe, deren Höhe ganz willkürlich festgesetzt wurde. So waren mir Fälle bekannt, wo einzelne Juden nur 25 Mark hatten Strafe zahlen müssen, weil sie sich für Kaffee angemeldet hatten, andere 200 und 300 Mark. Und ebenso war es mit der Milch. Mir ist ein Fall bekannt, da musste die Besitzerin eines Milchladens ganz in der Nähe meiner Wohnung 300 Mark Geldstrafe zahlen, weil sie einer alten Jüdin einmal ein Achtel Liter Magermilch gegeben hatte. Schon vorher hatte diese Ladeninhaberin eine hohe Strafe zahlen müssen, weil bei ihr verhältnismässig viele Juden sich für Kaffee hatten eintragen lassen – ein „Verbrechen", an dem sowohl die Ladeninhaberin als die jüdische Kundschaft schuldlos waren, weil das Verbot der Kaffeeabgabe an Juden ja erst später herausgekommen war. Das Geschäft dieser Ladeninhaberin, die schon vorher in Verruf gekommen war, judenfreundlich zu sein, trug von nun an das bekannte Plakat: „Juden werden nicht bedient".

Um das Bild der Ernährung noch etwas zu vervollständigen, will ich noch bemerken, dass Gemüse und Früchte sehr knapp waren, und das Einzige, was in der letzten Zeit vor meiner Abreise nicht so ganz knapp wurde, waren Kartoffeln. Im Frühjahr allerdings haben alle, besonders wir Juden, grossen Hunger gelitten. Es gab wöchentlich nur 2 Pfund Kartoffeln und so gut wie kein Gemüse. Erst allmählich steigerten sich die Kartoffelrationen. Aber trotz einer verhältnismässig guten Gemüseernte waren die Ernährungsmittel doch sehr knapp, weil ja doch immer alles für das Militär beschlagnahmt wurde. So kam es, dass sogar schon im Sommer 1942 arische Frauen des Morgens nach Gemüse oder Obst, das hin und wieder auf Karte ausgegeben wurde, „Schlange" standen.

Dennoch waren immer noch die arischen Hausfrauen im Vorteil. Sie durften dreimal in der Woche Gemüse kaufen und bekamen dafür jedesmal einen Stempel in ihren Haushaltsausweis. Und sie hatten die Auswahl im Gemüse; von allem, was der Gemüsemarkt brachte, konnten sie kaufen, was sie wollten. Wenn wir Juden einkaufen wollten – und das durfte nur zwischen 4 und 5 Uhr geschehen –, war nicht nur alles Gute, wie z. B. Salat, den es ohne Karte gab, ausverkauft, sondern wir durften überhaupt nur einmal in der Woche Gemüse kaufen, ganz gleich bei welchem Händler, und nur eine Sorte Gemüse. So war uns zuletzt nur gestattet, entweder Weisskohl, Kohlrüben oder rote Rüben zu kaufen. In den letzten Wochen vor meiner Abreise gab es überhaupt nur Weisskohl, weil wieder einmal, was sehr häufig vorkam, Verschiedenes, und darunter auch diesmal Kohlrüben und rote Rüben, für das Militär beschlagnahmt worden war. So bildete vor allen Dingen der Weisskohl unsere Haupternährung in den letzten Wochen vor meiner Abreise – neben Kaffee-Ersatz und Schwarzbrot, das nie gut ausgebacken war, uns aber trefflich mundete, da wir immer guten Appetit hatten.

Den Weisskohl kochten wir bald mit, bald ohne Kartoffeln, selbstverständlich ohne Fett und ohne Mehl, weil das Roggenmehl auch nicht viel taugte, und unsere Butter- und Margarinerationen, die wir wie die Arier angemessen erhielten, zuletzt sehr knapp waren. Wenn wir dennoch nicht Hungers starben, und viele von uns, wie ich z. B., diese Zeit überdauern konnten, so ist das auf Ursachen zurückzuführen, die ich in dem nächsten Abschnitt behandeln werde.

Die Frage nach der allgemeinen Stimmung der Bevölkerung und ihrem Verhalten gegenüber den Juden wird sehr oft an mich gerichtet. Beide Fragen berühren Dinge, die in Wechselbeziehung miteinander stehen und nicht mit einem glatten „gut" oder „schlecht" beantwortet werden können. Wie auf allen Gebieten sind es gerade die kleinen Erlebnisse, die sogenannten Mosaiksteinchen, die zusammen genommen, erst ein einigermassen klares Bild ergeben.

Im Gegensatz zum ersten Weltkrieg war die Begeisterung beim Ausbruch dieses Krieges im allgemeinen nicht besonders gross. Ja, vielleicht überhaupt nicht vorhanden. Nach meinem Empfinden gab es nur eine künstlich in der Presse zurechtgemachte Begeisterung; und wenn eine echte Begeisterung überhaupt existiert hatte, dann wohl nur bei den fanatischsten Parteigenossen und der jungen Generation, die schon von den frühesten Tagen ihres Lebens an in streng nationalsozialistischem Sinne und demnach natürlich auch streng antisemitisch erzogen wird.

Für diese neue deutsche Jugend sind die Engländer nur Piraten, die Amerikaner Gangster, die Russen vertierte Bolschewisten (alle selbstverständlich Analphabeten), und die Juden überhaupt nur Schädlinge und Schmarotzer. Für die heranwachsende deutsche Jugend, die die Juden nur aus der Perspektive der Schmähschriften und Verleumdungen kennt, wird der Jude wohl zeitlebens immer nur der Mann bleiben, der, wie im alten deutschen Märchen, durch die deutschen Wälder geht, um die goldenen Blätter von den Bäumen zu schütteln. Haben doch bereits lange vor dem Kriege und in immer stärkerem Masse nach dessen Ausbruch, Presse, Rundfunk, Parteiversammlungen, Maueranschläge, Transparente an den Viadukten der Bahnhöfe usw. einander immer mehr überboten, um den Hass gegen die feindlichen Mächte, besonders gegen die Juden, zu schüren. Bei jeder neuen „Sonderaktion" bei jeder erneuten Hetze fühlten wir, dass irgend ein diplomatischer oder militärischer Misserfolg geschehen sein musste, oder irgend ein Attentat versucht worden war, Begebenheiten, von denen man gar nichts oder höchst selten etwas erfuhr. Wir Juden waren immer gewissermassen das Barometer für die jeweilige Kriegslage.

Aber was auch geschehen mag, ob Hitler siegen wird oder nicht siegen wird, ich fürchte, wir werden der berühmte Topf sein, wenigstens in den von Hitler beherrschten Gebieten, nämlich der Topf, von dem man sagt: „Fällt der Topf auf den Stein, geht der Topf kaputt; fällt der Stein auf den Topf, geht der Topf auch kaputt." Es ist wirklich zu verwundern, dass bei der niemals aufhörenden, im Gegenteil, sich stetig steigernden Judenhetze nicht schon längst sämtliche Juden in Hitler-Europa umgebracht worden sind.

Man hat uns gerade in den ersten Zeiten des Krieges, als wir noch keinen Stern zu tragen brauchten und deshalb häufiger mit Ariern in Berührung kamen, mit den Worten zu trösten versucht: „Wir sind ja gar nicht so schlecht. Sonst würdet Ihr ja alle gar nicht mehr leben." Ich pflegte in solchen Fällen immer zu antworten: „Nein, Ihr seid ja alle nicht so schlecht. Wenn aber der Führer Euch heute den Befehl geben würde, uns den Kopf abzuschlagen, dann würdet Ihr es alle tun, allerdings mit tränendem Auge, und

Ihr würdet sagen: Wir wollen es ja gar nicht. Es tut uns ja allen so leid – aber wir müssen doch, der Führer befiehlt."

Trotz aller anfänglichen Siege schien mit fortschreitendem Kriege die allgemeine Stimmung immer gedrückter zu werden. Es wurde niemals geflaggt, in der Presse wurde immer betont, das heutige Deutschland sei nicht mehr das von 1914, wo man die Begeisterung in äusseren Dingen zeigte. Das neue, junge Deutschland sei deshalb nicht weniger in Liebe zu seinem Volke entbrannt, wenn es auch nach aussen seine Gefühle nicht immer zu erkennen gibt.

Aber dass die Stimmung gedrückt war, ist kein Wunder gewesen. Es gab ja fast in jeder arischen Familie einen gefallenen Sohn oder Mann; sehr gross war schon die Zahl der Verwundeten in den Strassen, den Verkehrsmitteln. Man hörte schon hier und da aus heimlich geflüsterten Gesprächen, dass die Lazarette überfüllt seien, und die immer wiederkehrenden Versicherungen von Joseph Goebbels und anderer grosser Parteimänner: „Wir werden siegen, denn wir *müssen* siegen" erschienen doch recht bedenklich.

Wenn man durch die Strassen ging oder in der Strassenbahn oder Stadtbahn fuhr, wo überall meist ein eisiges Schweigen herrschte, konnte man doch hin und wieder (man lauschte ja immer mit mehr als zwei Ohren) ein ganz leises, heimliches Wort auffangen; manche kleine Bemerkungen sind in meinen Ohren haften geblieben. Ich möchte einige dieser Gesprächsbrocken, die ich so gelegentlich aufgefangen habe, hier wiedergeben: „Ein grosses Maul haben sie ja da oben, aber das dicke Ende kommt noch nach." „Na, Russland haben wir in der Tasche." „Luftschiffe haben die Engländer nicht mehr." Oder: „Das Rheinland soll ja schon ziemlich zerstört sein." „Haben Sie schon gehört, die Untergrundbahn in der X-Strasse soll getroffen worden sein." Sehr oft hörte ich beim sogenannten „Schlangestehen" nach Kartoffeln usw.: „Der Krieg nimmt nie ein Ende." Aber im letzten Herbst 1942 hörte ich auch sehr oft: „Weihnachten ist

der Krieg zu Ende." Oder: „Spätestens im Frühjahr 1943."
Ich hörte auch oft von arischen Bekannten, dass dieser oder
jener Urlauber gesagt haben solle: „Noch einen Russenfeldzug mache ich nicht mit." Und andere ähnliche Bemerkungen.

Wie aber auch die Stimmung gewesen sein mag, sie war natürlich nicht überall gleich; es gab trotz der vielen kriegsmüden Teile der Bevölkerung immer noch eine Masse „Parteigenossen", die an der Futterkrippe sassen, denen es materiell nie so gut gegangen war wie heute, und für die der Abbruch des Krieges fast gleichbedeutend mit dem Verlust ihrer Existenz sein würde. Diese Leute natürlich gehörten jenen deutschen Kreisen an, die immer eifriger bestrebt waren, die „Kriegsbegeisterung" in Wort und Schrift zu schüren. So sah man an den Transparenten, die an den Bahnüberführungen angebracht waren, immer wieder in grellen Lettern die Worte stehen: „Räder müssen rollen für den Sieg!" Oder sie waren vielleicht auch die Künstler jener grossen Plakate, die man an den Türen der Stadtbahn angebracht sah, nämlich das Bild eines Soldaten, den Stahlhelm auf dem Kopf, und den Finger auf den Mund gelegt, und darunter die Worte: „Vorsicht bei Gesprächen! Feind hört mit." Solche und ähnliche Plakate, immer sehr gross mit grellen Farben, gab es in allen Eisenbahnzügen und Restaurationen zu sehen.

Oftmals werde ich auch nach den Wirkungen der Luftangriffe gefragt. Da ich in Berlin lebte, kann ich natürlich nur über meine Erlebnisse in dieser Stadt sprechen. Merkwürdigerweise sind wir gerade in Berlin im letzten Jahre von Luftangriffen ziemlich verschont geblieben. Aber in der Zeit vorher hatten wir unter heftigen Bombardierungen zu leiden. In jedem Hause gab es einen Luftschutzkeller, dazu allgemeine öffentliche Luftschutzkeller für solche Leute, die bei einem Fliegeralarm gerade unterwegs waren und ihre Wohnung oder den Arbeitsraum nicht erreichen konnten. Die Luftangriffe waren oft sehr, sehr heftig. Wir mussten manchmal, besonders des Nachts, in denen sie stattzufinden pflegten, zwei- bis dreimal den Luftschutzkeller aufsuchen, und bei dem fürchterlichen Geknalle dachten wir oft, dass alle Strassen der Nachbarschaft in Trümmern liegen müssten.

Umso erstaunter waren wir dann am nächsten Morgen, wenn wir die Strasse betraten, dass in der nächsten Umgebung gar nicht zu sehen war. Es waren wohl heftige Schäden in der Stadt, auch wohl in der Nachbarschaft, angerichtet worden. Wir bekamen aber davon gar nicht viel zu sehen; die von der Bombardierung betroffenen Strassen waren meist abgesperrt, und die Schäden sehr schnell – immer des Nachts – wieder repariert worden. Man hörte wiederholt, dass diese oder jene Bahnverbindung auf Stunden gesperrt sei, oder dass dieses oder jenes bekannte Gebäude getroffen worden sei. Da die Entfernungen aber in einer so grossen Stadt wie Berlin sehr gross sind, und jeder, auch der Arier, durch Arbeit sehr in Anspruch genommen ist, hatten ja die meisten Menschen weder Zeit noch Gelegenheit, etwas von den Zerstörungen zu sehen. Ich erfuhr, dass das Opernhaus Unter den Linden vollkommen zerstört sein soll. Auch hörte man von arischen Bekannten, die man ja immer noch gelegentlich heimlich sprechen konnte, dass Köln, Kiel, Wilhelmshaven und andere Gegenden sehr schwer getroffen sein sollten. Goebbels selbst war wiederholt in das Rheingebiet gefahren, um sich dort zu informieren. Es erschienen dann häufig in der Illustrierten Zeitung oder sonstigen Wochenschriften Bilder, auf denen fröhliche „rheinische deutsche Mädchen" zu sehen waren, die Joseph Goebbels jubelnd umgaben, die, wie Goebbels in seinen Aufsätzen versicherte, trotz der ernsten Zeit ihren köstlichen Humor behalten haben und, wie die Hitler-Jugend überhaupt, sich ganz heroisch während der Bombardierung benommen hatten und beim Aufräumen der Trümmer eifrig und begeistert mithalfen.

Die täglichen Berichte des Oberkommandos der Wehrmacht in den Zeitungen lauteten fast jeden Tag gleich, berichteten fast immer, bis in die letzte Zeit meiner Anwesenheit in Berlin, von grossen Erfolgen der Deutschen und empfindlichen Niederlagen der Feinde, besonders der Russen, die in Stalingrad eingeschlossen waren, und von zahlreichen feindlichen Fliegern, die „wir" ja fast an allen Fronten täglich in grosser Zahl abgeschossen hatten. „Unsere" Flieger kehrten beinahe immer alle unversehrt zurück. Manchmal stand aber auch: „Ein Flugzeug kehrte nicht zurück." Die feindlichen Flieger, die „versucht" hatten, in deutsches Reichsgebiet einzufliegen, mussten gewöhnlich vorher „abdrehen". Wenn sie aber eingeflogen waren (und das musste schliesslich zugegeben werden, da wir oft nächtelang im Keller sassen), dann waren natürlich immer nur unschuldige Kinder und Frauen betroffen oder die „Luftpiraten" hatten „nur Kulturdenkmäler oder Krankenhäuser" getroffen. Im Zeitungsbericht stand gewöhnlich (auch wenn „*Tote und Verletzte*" zugegeben waren), hinterher der berühmte Satz : „Militärische Gebäude wurden nicht getroffen, kein beträchtlicher Sachschaden."

Man erzählte sich deshalb einen Witz, der, wie die meisten Berliner Witze, in arischen Kreisen entstanden war: In den Trümmern eines Hauses, das durch feindliche Luftbomben vollkommen zerstört wurde, war nur ein Käfig mit einem Papagei unversehrt geblieben, der fortwährend rief: „Kein beträchtlicher Sachschaden, kein beträchtlicher Sachschaden!"

Bei den ersten Fliegerangriffen zu Anfang des Krieges sassen wir Juden mit den Ariern gemeinsam in den Luftschutzkellern. Bei der allgemeinen Judenhetze hatten sich die meisten Juden, wie ich es selber tat, schon gleich etwas abseits gesetzt, um nicht zu stören. Bald aber kam eine Verfügung heraus, dass Juden in den jüdischen Schutzkeller zu gehen haben und nicht mit den Ariern zusammen sitzen dürfen. Wohnten in einem Hause, wie das in den ersten Kriegsjahren mitunter vorkam, mehrere Juden, so war im selben Hause für diese ein jüdischer Schutzkeller eingerichtet. Wohnte aber in einem Hause nur ein Jude, wie ich zum Beispiel, wie überhaupt in der ganzen Strasse nur wenig Juden, so war für alle diese Juden einer Strasse oder einiger zusammenhängender Häuser ein gemeinsamer Luftschutzkeller eingerichtet. Dieser Judenkeller hatte selbstverständlich nicht die Schutzvorrichtungen, die die arischen Keller hatten; sie lagen durchaus nicht geschützt, hatten weder Betten noch sonstige Annehmlichkeiten, die die arischen Luftschutzkeller aufzuweisen hatten.

In den Luftschutzkeller zu gehen, war für alle, Arier und Juden, Pflicht. Trotzdem blieben trotz heftigster Luftalarme, viele Arier und auch Juden in ihren Betten, weil sie sehr früh aufstehen mussten, um zur Arbeit zu gehen oder zu fahren, und auf die Dauer nicht die Kraft besassen, nach durchwachten Nächten ihre schwere Tagesarbeit zu leisten.

Was nun das Verhalten der Arier gegen die Juden betrifft, kann man kein allgemeines Urteil fällen. Es gab natürlich Arier, mit denen man früher sehr befreundet war, und die sich nun ganz und gar zurückgezogen hatten. Wenn man es auch peinlich empfand, so konnte man es doch oft verstehen. Den Ariern war der Verkehr mit Juden allgemein verboten. Sie durften Juden nicht grüssen und keinerlei Verkehr mit ihnen pflegen. Da Angeberei und Spitzelwesen überhaupt eine grosse Rolle spielten, traute einer dem andere nicht, jedermann musste sich sehr in Acht nehmen, denn die Juden wurden von allen Seiten sehr beobachtet. Wenn es ruchbar wurde, dass ein Arier mit Juden freundschaftlich verkehrte oder ihnen einen Gefallen erwies, wie das oft vorkam, so war das nicht für Juden, sondern im selben Masse für Arier gefährlich, weil diese – besonders wenn sie Beamte waren – ihre Existenz oder ihr Ruhegehalt verlieren konnten. Man hatte es zwar schmerzlich empfunden, wenn sich alte, liebe arische Freunde nach und nach zurückzogen, aber man konnte es verstehen. Man wollte ja auch ihnen nicht schaden, und wenn man an sie schrieb oder sie an uns schrieben, waren wir immer sehr vorsichtig, und schrieben keinen Namen, höchstens einen anderen verabredeten Namen oder einen Buchstaben. Es gab aber Fälle, wo sich arische Freunde ganz und gar zurückgezogen und sich in ihrem Denken und Fühlen vollkommen umgestellt und der Zeit angepasst hatten.

Dennoch hatte wohl fast jeder Jude doch wenigstens einen treuen arischen Freund behalten, der ganz heimlich, bei höchster Vorsicht, einem treu zur Seite stand und manche Liebestat erwies. Ich wenigstens gedenke voll Dankbarkeit meiner wenigen arischen Freunde, die mir in der Zeit des grössten Hungers und der grössten Gefahr halfen, in der ich mich oft befand. Ich werde sie nie vergessen.

Was das Verhalten der Arier in den Strassen oder in den Verkehrsmitteln betraf, wurde man im allgemeinen nicht angerempelt. Es kam wohl mitunter vor, dass besonders Schulkinder „Jude" riefen, oder „Judensau" oder „Verdammter Jude", oder dass manchmal auch in der Strassenbahn oder Stadtbahn eine gehässige Bemerkung fiel, wie z. B. „Laufen denn immer noch Juden hier rum?". Das waren kleine Zufälligkeiten, denen man keine Bedeutung mehr beimass. Im Allgemeinen aber war man in den Strassen, wenigstens bis zu meiner Abreise, noch unbehelligt geblieben. Das kann sich natürlich inzwischen geändert haben.

Den Auftakt zu den Evakuierungen in Berlin bildete der Judenstern. Dieser war ein aus gelbem Stoff hergestelltes Magen David, mit schwarzen Rändern versehen, in der Mitte mit dem schwarz gedruckten Wort „Jude". Wir mussten dieses Abzeichen gut und weit sichtbar auf der linken Seite des Kleidungsstückes tragen, das wir gerade anhatten, sei es Mantel, Kleid oder Schürze. Es musste fest angenäht sein. Auch Juden, die in der Jüdischen Kultusvereinigung arbeiteten und untereinander waren, hatten es zu tragen, ebenso jüdische Krankenbehandler und Schwestern auf dem Arbeitskittel. Überhaupt jeder Jude vom sechsten Lebensjahre an.

Jüdische Männer, die in Mischehe lebten und arisch erzogene Kinder hatten, waren vom Tragen des Sternes befreit; jüdische Frauen, die arische Männer hatten, brauchten dieses Abzeichen auch nicht zu tragen. Dagegen mussten jüdische Männer, deren Kinder jüdisch erzogen waren, den Stern tragen, während die arische Ehefrau, selbst wenn sie zum Judentum übergetreten war, keine Sternträgerin war. Demnach hatte sie auch alle Vorteile, die die Arier hatten: sie bekam alle den Ariern gestatteten Lebensmittel, durfte die Verkehrsmittel benutzen, telefonieren usw., während ihrem sterntragenden Gatten und Kindern dies alles verboten war. Demnach wurden oft alle die jenigen jüdischen Familien beneidet, die irgend einen arischen Verwandten – eine arische Grossmutter, Tante – hatten, von dem sie einmal eine Zwiebel oder einen Apfel geschenkt bekamen, oder die für sie ohne Gefahr eine Zeitung kaufen konnten. Solche „arische Beziehungen" waren natürlich sehr geschätzt.

Als im September 1941 eines Tages die Verfügung bekannt wurde – diesmal sogar auch in den öffentlichen Zeitungen –, dass vom 19. September ab (es war diesmal unser Rosch Haschanah-Geschenk) die Juden den gelben Davidstern zu tragen hatten, befiel uns alle eine gewisse Beklemmung. Wir wussten nicht recht, worauf das eigentlich hinaus sollte. Wir hatten jedenfalls alle böse Ahnungen. Denn irgend etwas Schlimmes musste es doch zu bedeuten haben. Und so kam denn nun der gefürchtete Tag heran, an dem wir uns auf dem Weg zur Jüdischen Kultusvereinigung machen mussten, bewappnet mit unserer violetten Lebensmittelkarte (für deren Abschnitte die Arier in gewissen Zeiträumen Süssigkeiten und mancherlei kleine Leckerbissen erhalten hatten, wir dagegen noch gar nichts). Jeder bekam vorläufig nur einen Stern, musste diesen mit 10 Pfenning bezahlen und auf einem Zettel quittieren, den die Jüdische Kultusvereinigung zurückbehielt. Auch gab man uns mit diesem Stern einen Stempel in unsere violette Lebensmittelkarte, die wir sorgfältig aufbewahren und eine Zeitlang immer bei der Abholung unserer neuen Lebensmittelkarte vorzuzeigen hatten.

Ich war damals gerade im Katasteramt der Jüdischen Kultusvereinigung beschäftigt und mit der Aufgabe betraut, die Kartothekkästen zu ordnen, in denen wir auf Grund der abgegebenen Quittungen die genauen Adressen und das Alter der Sternträger feststellen konnten. So hatten wir nun eine Übersicht über die Juden Berlins, die Sternträger waren, und über solche, die Nichtsternträger waren, und deren Kartothek extra geführt wurde. Wie wichtig und tief in das Schicksal der Juden einschneidend diese Verfügungen und Anordnungen waren, sollten wir schon einige Woche später erfahren, als die Evakuierungen in Berlin begannen und für sie nur Sternträger in Betracht kamen.

Als ich am ersten Tag nach dieser Verfügung, dem 19. September 1941, mit meinem Stern an der linken Mantelseite bewaffnet, die Strasse betrat, um einen notwendigen Gang zu erledigen (wir gingen ja überhaupt nur auf die Strasse, wenn es durchaus nicht zu umgehen war), da war mir, berlinisch ausgedrückt, etwas „mulmig" zu Mute. Aber ganz so schlimm, wie ich es mir vorgestellt hatte, war es doch nicht. Der Eindruck, den wir Sternträger auf die nichtjüdische Bevölkerung ausübten, war ganz verschieden. Manche kleine Kinder, von drei und vier Jahren, die noch gar nicht lesen konnten, riefen schon in der Nachbarschaft einem nach: „Jude, Jude!" (Ich nehme an, dass treue Parteimütter ihnen das schon vorher beigebracht hatten!) Der Kutscher eines Brauereiwagens, der an mir vorbeifuhr, machte eine bekannte Handbewegung, in der er den Zeigefinger an die Stirn legte. Backfische, die gerade aus der Schule kamen, riefen: „Es leuchten die Sterne!" (Der Name eines damals laufenden Films.) Und sehr oft hörte ich von vorübergehenden, meistens etwas intelligenter aussehenden Ariern, in freundlichem Tone die Worte: „Orden pour le Semite!"

Die mehr fein empfindenden Arier – und solche gab es natürlich – schauten, wenn man in ihre Nähe kam, ostentativ fort, weil es ihnen peinlich war, wie mir selbst später einige gesagt haben. Auch hörte man oft gerade im Strassenbahnwagen und sonstigen Verkehrsmitteln, die wir damals noch benutzen durften, sehr drastische Worte, die ich hier wiedergeben möchte. Die gelindesten Ausdrücke waren z. B.: „Machen Sie doch den Dreck ab!" Es kam natürlich auch oft vor, dass gerade in den ersten Tagen sehr gehässige antisemitische Bemerkungen fielen, wie es ja bei einer grossen Bevölkerung unausbleiblich ist. Später hat man sich daran gewöhnt, und heute ist in Berlin und wahrscheinlich in anderen deutschen Städten, soweit sich Juden dort noch befinden, ein jüdischer Sternträger keine Sensation mehr.

Und ebenso, wie man sich an den gelben „Davidstern" mit dem darauf schwarz gedruckten Wort „Jude" gewöhnt hatte, so war es im letzten Jahre meines Aufenthaltes in Deutschland eine Selbstverständlichkeit, dass an der Wohnungstür eines jüdischen Mieters neben der Klingel ein weisser Davidstern in derselben Grösse wie derjenige, den man auf dem Kleidungsstück trug, angebracht werden musste. Der Zweck dieser Anordnung war offensichtlich der, den Ariern, die das Haus betraten, genau sichtbar zu machen, wo noch ein Jude wohnte. Es sollte sich eben niemand tarnen und als Arier ausgeben, um sich von den vielen lästigen Ausnahmegesetzen zu befreien. Bei der grossen Recht- und Schutzlosigkeit der Juden in Nazi-Deutschland erscheint es mir wie ein Wunder, dass diese „neue" Verfügung, von mancherlei Unannehmlichkeiten abgesehen, nicht sonderlich geschadet hat. Es kam mitunter vor, dass wir beim Nachhausekommen die Wohnungstür angespieen fanden, oder dass, häufiger als früher, fremde Arier erschienen mit dem Wunsche, sich die Wohnung anzusehen (*die Wohnungsnot war eben auch bei uns sehr gross*, und da Juden keine Rechtssicherheit hatten, konnte jeder leicht die Kündigung einer Judenwohnung veranlassen). Im grossen Ganzen blieben wir trotz dieser neuen Anordnung ziemlich verschont.

Das einzig wirklich schlimme Resultat der Verfügung war, dass sie es den Gestapo-Beamten noch leichter machte als früher, die Juden zur Evakuierung abzuholen. Denn dadurch konnte kein Irrtum mehr bei der Abholung eines Juden, wie er früher manchmal unterlaufen sein mag, vorkommen. Stand also das Wort „Jude" an der Wohnungstür, so konnte kein jüdischer Lehmann oder Müller mit einem Arier des gleichen Namens in diesem Hause verwechselt werden.

Der Davidstern war demnach eines der vielen Hilfsmittel, die der Gestapo dazu verhalfen, den Abtransport der Juden noch ein wenig leichter und schneller durchzuführen. In Berlin setzten die ersten Evakuierungen meines Wissens im Oktober 1941 ein. Soviel mir bekannt ist, hatten die Stettiner Juden schon ein Jahr früher ganz plötzlich die Aufforderung erhalten, innerhalb zweier Stunden ihren Wohnort zu verlassen. Sie durften sich nur das Allernotwendigste in Koffern mitnehmen, und waren damals nach Lublin gebracht worden. Wir Berliner Juden haben noch lange Zeit den nach Lublin gebrachten Glaubensgenossen Liebespäckchen geschickt, besonders hatten wir Wäsche und Kleidungsstücke für sie gesammelt. Erstens war es damals nicht gestattet, und zweitens hatte es sich inzwischen herumgesprochen, dass die Eisenbahnwagen, in denen man das Gepäck der deportierten Juden untergebracht hatte, unterwegs abgehängt wurden, und die armen Vertriebenen nur mit dem, was sie gerade auf dem Leibe hatten, in ihrer neuen „Heimat" angekommen waren. Ob die Juden heute noch in Lublin wohnen, entzieht sich meiner Kenntniss, da keiner mehr in den letzten Monaten je etwas von ihnen gehört hatte.

Im Oktober 1941 begann die Tragödie der „Abwanderung" – so nannte die Gestapo die Evakuierung – in Berlin. Nach welchen Grundsätzen man dabei verfuhr, weshalb und wohin die Juden „abgewandert wurden", hat noch kein Mensch ausfindig machen können. Tatsache ist, dass bis auf den heutigen Tag kein einziger Jude in Deutschland mehr, ob alt oder jung, reich oder arm, seines Bleibens sicher ist. Jeder muss darauf gefasst sein, über kurz oder lang abgeholt zu werden, sei es mit vorheriger Benachrichtigung oder ohne solche.

In der ersten Zeit unseres Evakuiertwerdens (ich kann natürlich nur über Berliner Verhältnisse reden) fanden wir beim Nachhausekommen den schon jeden Tag erwarteten und gefürchteten Brief von der Wohnungsberatungsstelle vor. Mit zitternden Händen öffneten wir das Schreiben und fanden dann fast regelmässig folgenden Inhalt vor: „Wir teilen Ihnen hierdurch mit, dass Ihre Wohnung auf Anordnung der Behörde zur Räumung bestimmt ist. Sie haben an dem und dem Tage (gewöhnlich zwei Tage später) um 10 Uhr vormittags in der Wohnungsberatungsstelle Oranienburger Str. 31 zu erscheinen. Mitzubringen ist der Mietskontrakt und die und die Papiere." Die Papiere waren, soweit ich mich heute noch erinnern kann, die Unterlagen über unsere Vermögensverhältnisse.

Oben auf der linken Seite der Mitteilung waren verschiedene Aktennummern angegeben und allerhand Buchstaben. Aus diesen Zeichen konnte der Eingeweihte, also vor allem die bei der Jüdischen Kultusvereinigung Angestellten, entnehmen, dass diese Kündigung eine Evakuierungskündigung war. In der ersten Zeit wussten die Empfänger solcher Briefe noch nicht, dass an eine solche Kündigung sich die Evakuierung anzuschliessen pflegte. Je mehr Evakuierungen aber vorkamen, desto mehr häuften sich die Selbstmorde, und ein grosser Teil der auf diese Weise Benachrichtigten machten erst gar nicht den Weg zur Oranienburger Strasse.

Die ersten Evakuierungen fanden, soweit mir bekannt ist, nach Litzmannstadt (Lodz) statt, dann später, besonders im November 1941 bis Januar 1942 nach Kowno, Warschau und Riga. Von all meinen lieben Freunden und Verwandten, die in dem letzten Jahre evakuiert worden waren, habe ich nie wieder etwas gehört. Von anderen wiederum hörte ich, sie hätten noch eine Zeitlang, vor allem aus Warschau und der dortigen Umgegend, kurze Nachrichten erhalten. Eins aber weiss ich ganz genau: Seit einigen Monaten vor meiner Abreise kam auch aus Warschau keine Nachricht mehr, und von denen, die im letzten Winter nach Riga gekommen waren, ist überhaupt niemals irgend eine Nachricht angekommen.

Diejenigen, die zur Evakuierung bestimmt waren, wurden gewöhnlich in der Synagoge in der Levetzowstrasse gesammelt, soweit sie nicht, wie dies seit dem Sommer 1942 der Fall war, nach Theresienstadt kamen. In der Synagoge blieben sie zwei bis drei Tage, und für diese Zeit wurden meist Helfer und Helferinnen auf Veranlassung der Gestapo dorthin geschickt (die Helfer waren natürlich Angestellte der Jüdischen Kultusvereinigung), um den armen Verurteilten das Leben im Sammellager noch etwas zu erleichtern. So mussten ihnen die Helfer dort die notwendigsten Mahlzeiten verabreichen, die von einer jüdischen Gemeinschaftsküche dorthin gebracht wurden, und sie halfen auch bei der Beförderung des Gepäcks, von dem die Wenigsten wohl je etwas wiedergesehen haben durften. Habe ich doch selbst einmal bei einer Sonderarbeit, die die Jüdische Kultusvereinigung auf Befehl der Gestapo auszuführen hatte, die weissen Transportnummern der Abgewanderten aus den Koffern herauswachsen und den Inhalt der zurückgebliebenen Koffer sortieren müssen. Der Schauplatz dieser Arbeit war einmal eine der grossen Synagogen.

So hatte ich z. B. eines Tages stundenlang Porzellanteller mit der Aufschrift „Jüdisches Altersheim" abzuwaschen und auf ihre Integrität zu prüfen. Die gut erhaltenen wurden nach der Burgstrasse gebracht (Sitz der Gestapo), und die nur leicht angesprungen waren, extra beiseite gestellt. Solche und ähnliche Arbeiten waren an der Tagesordnung und wurden von Angestellten und ehrenamtlich Arbeitenden der Jüdischen Kultusvereinigung vollzogen. Ich hatte sogar einmal auf vier Wochen für eine solche Arbeit die Fahrterlaubnis für sämtliche Verkehrsmittel erhalten. Ich musste damals die den Juden fortgenommenen Spinnstoffsachen und elektrischen Geräte sammeln und sortieren. Der Schauplatz meiner Arbeit war in diesem Falle die Synagoge Joachimsthaler Strasse.

Zu Beginn der Evakuierungen hatte mancher, der schon in der Levetzowstrasse zum Abtransport sich hatte einfinden müssen, noch in letzter Stunde das Glück, von der Abwanderung zurückgestellt zu werden. Wir nannten das „reklamiert" werden. Es waren immer solche, die in irgend einem arischen Betrieb eine sehr dringende oder nützliche Arbeit leisteten. In diesem Falle hatte oft der Betriebsführer eine Eingabe bei der Gestapo gemacht und wegen der Dringlichkeit der Arbeit, die der Jude X. Y. zu leisten hatte, wurde häufig die Abwanderung zurückgestellt. Dann erhielt der Betreffende nach einiger Zeit von der Jüdischen Kultusvereinigung, mitunter auch noch von der Gestapo extra, die Mitteilung, dass er „vorläufig" von der Abwanderung zurückgestellt sei. Leider musste dann immer ein anderer Jude für die „Vakanz" eingesetzt werden, denn jeder Transport umfasste eine bestimmte, von der Gestapo festgesetzte Zahl, die nicht umgangen werden durfte. So kam es häufig vor, dass plötzlich Juden ohne vorherige Mitteilung zur Evakuierung abgeholt wurden. Mit Vorliebe suchte sich die Gestapo dazu solche Juden aus, die keine Arbeit leisteten oder noch verhältnismässig sehr vermögend waren.

Die Wohnungen der „Abgewanderten" wurden sofort nach dem Abtransport von der Gestapo versiegelt. Nach einiger Zeit wurden die Möbel und sonstigen in der Wohnung befindlichen Wertgegenstände auf Veranlassung „einer öffentlichen Behörde" (so stand es immer in der Zeitung bei den zahlreichen Auktionsanzeigen) versteigert.

Während in der ersten Zeit der „Abwanderungen" Reklamierungen noch ziemlich häufig vorkamen, nützten diese aber in der letzten Zeit vor meiner Abreise auch nicht mehr viel. lch hörte immer wieder, bis zum 1. Januar 1943 soll auch Berlin „judenrein" sein. Die Reklamierungen wurden immer seltener, dafür die „Abwanderungen" immer häufiger. Ja, zuletzt direkt katastrophal. Es verging fast kein Tag, an dem nicht ein lieber Verwandter oder Bekannter Berlin auf diese Weise verliess. Zeit zum Abschiednehmen hatte niemand. Wer überhaupt noch in Berlin war, war ja nur da, weil er von früh bis spät arbeitete, oder so schwer krank war, dass er nicht transportfähig war. Da man sich persönlich nicht mehr verabschieden konnte, erhielt man nur, in der letzten Zeit fast täglich, eine Karte von einem lieben Freunde oder Verwandten, in der er mitteilte: „Nun ist es bei mir so weit – leben Sie wohl. Sie brauchen nicht zu antworten. lhre Nachricht, über die ich mich sonst sehr gefreut hätte, wird mich nicht mehr erreichen." Oder man bekam eine Mitteilung: „Nun haben auch wir unsere Nummer bekommen. Wir werden wohl nicht so lange mehr hier sein. Leben Sie wohl, wir werden Sie nie vergessen." Dies war die Post, die wir fast täglich erhielten, und kam andere Post, dann war es immer irgend eine unangenehme Mitteilung seitens des Finanzamtes, des Devisenamtes, des Polizeireviers oder sonst einer Behörde.

Einmal erhielten wir alle von unserem zuständigen Bezirksbürgermeister folgende Mitteilung: „Alle in Ihrer Wohnung befindlichen Gegenstände, besonders Lederwaren, Spinnstoffwaren (Wäsche), Bücher, Hausgeräte aller Art usw. usw. sind von der Behörde beschlagnahmt. Sie dürfen von diesen Dingen weder etwas verkaufen noch verschenken. Sie dürfen sie nur soweit benutzen, als sie zu Ihrem persönlichen Gebrauch notwendig sind …" So gehörte uns, im Grunde genommen, nicht einmal mehr das Hemd auf unserem Leibe.

Alle Bestimmungen wurden gewöhnlich so getroffen, dass sie den Ariern möglichst verborgen bleiben sollten. So wurden die zum Abtransport bestimmten Juden vom Sammellager Levetzowstrasse gewöhnlich spät abends oder nachts zu einem ziemlich entfernt liegenden und nicht so sehr besuchten Bahnhof gebracht und von dort in aller Stille abtransportiert. Wie ich hörte, sollen sie z. B. in dem letzten, bitterkalten Winter 1942 in Viehwagen und Güterwagen nach Riga gebracht worden sein. Man hatte dabei nicht vergessen, den Juden noch von den Mänteln den Pelzbesatz abzuschneiden. Ich weiss, dass mir immer von solchen Leuten, die Näheres über die Evakuierungen wussten, der Rat gegeben wurde, bei der Deportation, die auch mir natürlich bevorstand (ich sollte schon zweimal nach Polen und bin immer wie durch ein Wunder gerettet worden), so wenig wie möglich mitzunehmen.

Im Sommer 1942 begannen plötzlich Aktionen gegen Juden vom 65. Lebensjahr an einzusetzen. Natürlich hörte dabei die Evakuierung der jüngeren Juden nicht auf. Grössere Transporte nach Polen fanden in den letzten Monaten meines Aufenthaltes in Deutschland fast jede Woche statt. Nur ging man bei den älteren Leuten anders vor. Bei ihnen erschienen ganz plötzlich Damen und Herren von der Jüdischen Kultusvereinigung mit „Aufnahmebogen", auf welchen das Nationale, Vermögensverhältnisse und diverse andere nötigen Dinge vermerkt werden mussten. Nach einigen Tagen erhielten diese älteren Herrschaften, von denen sich nachher zahllose das Leben genommen haben, eine Mitteilung, dass sie sich für einen bestimmten Tag bereit zu halten hätten. Sie wurden dann an diesem Tage gewöhnlich mit mehreren, die in ihrer Nähe wohnten, zugleich mit einem Wagen abgeholt (die Jüngeren mussten in Begleitung der Gestapo laufen) und nach irgend einem noch nicht beschlagnahmten jüdischen Altersheim gebracht. Hier blieben sie zwei bis drei Tage, hatten es verhältnismässig noch gut und wurden dann von dort aus nach Theresienstadt abtransportiert. Die Wenigsten der Angehörigen haben von ihren Eltern oder sonstigen älteren Anverwandten je eine Nachricht erhalten.

Ich hörte vor meiner Abreise, dass die Reichsvereinigung zu Berlin 50 Briefe aus Theresienstadt erhalten habe, die an die bestimmten Empfänger verteilt werden sollten. Ich habe die Briefe zwar nicht gesehen, da es aber glaubwürdige Personen waren, die es mir mitteilten, kann ich nur wünschen, dass der Inhalt auch stimmen möge. Es sollen einige mitgeteilt haben, dass es ihnen ganz gut gehe. Es liesse sich natürlich noch sehr, sehr viel über die Evakuierungen sagen, aber es würde zu weit führen, wenn ich nun alles und jedes hier einzeln berichten würde. Ich will dieses Kapitel mit dem Wunsche schliessen, dass eine gütige Vorsehung recht schnell dieser Tragödie des „Abgewandertwerdens" ein Ende machen möge.

Oft haben wir Juden, wenn wir noch mitunter in der Lage waren, einander sprechen zu können, gesagt: „Alles wollen wir schon gern ertragen, die schwere Arbeit und den Hunger, die Angst und den Schrecken, wenn die Post kommt, und alle sonstigen Leiden. Nur das eine möge aufhören: das Abgewandertwerden."

Unter all den angeführten Lebensumständen, in denen wir unser Dasein als Juden in Deutschland zu verbringen hatten, erscheint es mir, nein, ist es ein Gotteswunder, dass es mir gelingen konnte, nach Palästina zu gelangen. Dass ich, die ich nicht einmal die Erlaubnis hatte, einen Bahnhof zu betreten, oder nur eine kleine „Teilstrecke" für 10 Pfennig mit der Strassenbahn zu fahren, eine Überseereise antreten konnte, erscheint mir und erschien auch jedem, der davon erfuhr, wie etwas Übernatürliches. Nach endlosen Bemühungen meines Mannes, der noch kurz vor Ausbruch des Krieges das Glück hatte, nach Palästina einwandern zu können (ich hatte damals aus Gründen, die ich hier nicht näher anführen kann, leider nicht miteinwandern können), wurde ich von der englischen Regierung auf die Liste der Austauschfrauen gesetzt. Als ich im Sommer des Jahres 1942 über die Schweiz erfuhr, dass ich vielleicht auf dem Austauschwege zu meinem Manne kommen werde, hielt ich das für leeres Geschwätz. Da aber diese Nachrichten sich immer mehr häuften, suchte ich eines Tages die Rechtsberatungsstelle der Jüdischen Kultusvereinigung auf, die mir sagte, dass eine Reise nach Palästina für mich aus diesem und jenem Grunde überhaupt nicht in Betracht käme. Ein jüdischer Rechtskonsulent, der mir für Austauschangelegenheiten empfohlen worden war, wollte nun die Sache in die Hand nehmen. Er wurde aber mit seiner Frau auch nach Polen evakuiert, was doppelt unangenehm war, da die inzwischen eingetroffene Photokopie eines Zertifikats aus Istanbul und eine Mitteilung des Palästina-Amtes in Genf, dass ein Zertifikat für mich vorliege, bei ihm lagen und seine Wohnung versiegelt wurde. Ich stand nun ganz ohne jegliche Papiere da, und ein zweiter jüdischer Rechtskonsulent, den ich mir inzwischen genommen hatte und der die Vertretung des evakuierten Anwaltes hatte, riet mir, wie viele andere mir wohl gesinnte Juden, dringend ab, mich um eine Ausreisebewilligung zu bewerben. Man sagte mir allgemein, ein solcher Versuch könnte mir die Evakuierung einbringen. Und da man sich so viel wie möglich als Jude unbemerkbar machen wollte, gab ich überhaupt die Hoffnung auf, jemals mein heiss ersehntes Ziel, ins Land der Väter zu kommen, zu erreichen.

Am 25. Oktober abends erschien ein Schutzmann bei meiner Wirtin mit der Aufforderung, ich solle am Montag, den 26. Oktober 1942, 10 Uhr vormittags, mit Pass und zwei

Lichtbildern auf dem Fremdenamt Burgstrasse erscheinen. Ich hatte keine Ahnung, weshalb. Von bösen Ahnungen erfüllt (wir hatten immer nur böse Ahnungen), war ich schon punkt 9 Uhr da – natürlich hatte ich den Weg zu Fuss zurücklegen müssen. Also hier erfuhr ich nun, dass ich schon am nächsten Tage, den 27. Oktober 1942, nachmittags 6.18 Uhr, auf dem Hauptbahnhof Zoo mich einzufinden habe, um mit anderen Austauschfrauen nach Wien zu fahren. Von dort aus würden wir dann von der Gestapo bis zur Türkei begleitet werden und unsere Reise nach Palästina fortsetzen.

Auf die Gefühle, die mich beseelten, will ich hier nicht näher eingehen. Wenn ich zehn Bände schreiben wollte, könnte ich nicht wiedergeben, was ich bei der Mitteilung dieser Kunde empfunden habe. Ich will mich darum nur ganz kurz fassen. Die Gestapo, die wirklich nicht im Rufe steht, besonders judenfreundlich zu sein, behandelte alle für den Austausch in Betracht kommenden Frauen, auch uns Jüdinnen, aufs liebenswürdigste. Und diese liebenswürdige Haltung hat sie uns allen gegenüber, und ich muss immer wieder betonen auch uns Jüdinnen gegenüber, bis zum letzten Augenblick, als sie von der türkischen Grenze ab verschwand, beibehalten.

Unsere Reise hätte, wenn wir nicht in Wien zehn Tage uns hätten aufhalten müssen (wir warteten auf sechzig Juden aus Polen, die leider nicht eintrafen) und wenn wir nicht noch zehn Tage in Atlith uns hätten aufhalten müssen, nur zwölf Tage gedauert. So erforderte unsere Reise ungefähr vier Wochen. Wir machten die ganze Reise per Eisenbahn, und unser Weg führte über Ungarn, Serbien, Kroatien, Bulgarien, durch die Türkei über Syrien nach Afuleh, von dort nach Haifa, und von da nach Atlith.

Ich bin nun endlich hier, es ist mir alles noch immer wie ein Traum, und ich kann es, offen gesagt, noch immer nicht fassen, dass ich frei sein soll, dass ich mich nicht ängstigen muss, wenn es klingelt, dass ich nicht verhaftet werde, wenn ich mir eine Zeitung kaufe oder irgend etwas tue, was doch dem einfachsten Menschen gewöhnlich zu tun erlaubt ist.

Wie gross mein Dank ist, kann ich mit Worten nicht wiedergeben. Nächst Gott, dem Allmächtigen, der an mir so ein grosses Wunder vollzogen hat, danke ich der englischen Regierung, die meinen Namen auf die Liste der Austauschfrauen gesetzt hat, und spreche ich auch der Sochnuth meinen Dank aus, die meinen Mann, in seinen unendlichen Bemühungen, mich hierher zu bringen, unterstützt hat.

Der einzige Wermuthstropfen, ja ich möchte sagen, das Wermuthsfass, das meine Freude dämpft, ist der Schmerz, dass nicht allen Juden des Hitler-Europa dieses Glück, der Hölle entronnen zu sein, hat zuteil werden dürfen. Mögen meine Ausführungen so oberflächlich ich sie auch nur geben konnte, mit dazu beitragen, dass vielleicht ein Weg gefunden werden könnte, auf dem es möglich ist, auch ihnen Rettung zu bringen.

"Angst und Schrecken": Anmerkungen zum Text
Klaus Hillenbrand

Blanka Alperowitz' Bericht über „die letzten Tage des deutschen Judentums" konzentriert sich auf Berlin, die größte Stadt Deutschlands. Die Reichshauptstadt mit damals etwa 4,4 Millionen Einwohnern war nicht nur das Zentrum der Nazi-Herrschaft und des Terrors. Berlin galt und gilt bis heute auch als das bedeutendste Zentrum jüdischen Lebens in Deutschland. Anfang 1933, zu Beginn der NS-Herrschaft, lebten etwa 175.000 Menschen jüdischen Glaubens in der Stadt. Diese Zahl verringerte sich in den 1930er Jahren deutlich. Vielen Berliner Juden gelang bis zum Kriegsbeginn am 1. September 1939 die rechtzeitige Auswanderung, damals, als die Nationalsozialisten diese noch vorantrieben, bevor sie ab 1941 den Massenmord zum Programm erhoben. Zugleich drängte es aber viele der Verfolgten aus den deutschen Provinzen nach Berlin. Die Anonymität der Großstadt versprach einen höheren Schutz vor den antisemitischen Nachstellungen. In den kleineren Städten und Dörfern waren die Juden leichter und direkter der Verfolgung ausgesetzt. Weil vor allem Angehörige der jüngeren Generation emigrierten, verschob sich der Altersdurchschnitt der Verbliebenen drastisch. 1933 waren 10,6 Prozent aller deutschen Juden über 65 Jahre alt, im Mai 1939 hatte sich diese Zahl mit 21,3 Prozent mehr als verdoppelt.[1] 1941 lebten etwa 40 Prozent aller verbliebenen deutschen Juden – rund 75.000 Menschen – in der Reichshauptstadt. Die meisten von ihnen waren infolge der Verfolgungen verarmt und viele mussten Zwangsarbeit leisten.

Der vermeintliche Schutz der Großstadt erwies sich als trügerisch. Mit immer neuen Maßnahmen hatte das NS-Regime schon in den 1930er Jahren damit begonnen, die Juden von der übrigen Bevölkerung zu separieren. Die Zwangsnamen „Sara" und „Israel" und der 1941 eingeführte „Judenstern" waren dabei nur die äußerlich am leichtesten erkennbaren Anzeichen dieser Isolation. Vor allem gelang es den Nazis, alle Juden – und solche, die sie dafür hielten, denn auch längst christlich Getaufte galten ihnen als „Rasse-Juden" – statistisch zu erfassen. Damit konnten sie ihre unzähligen antisemitischen Schikanen, Bewegungseinschränkungen, die Berufsverbote, Sondersteuern und den Raub jüdischen Eigentums effektiv umsetzen. Die statistische und namentliche Erfassung, bei der die jüdischen Gemeinden zur Mitarbeit gezwungen wurden, wurde schließlich zur Voraussetzung für die Deportationen und den Massenmord in den deutsch besetzten Ländern im Osten Europas.

Blanka Alperowitz' Bericht über die Lage der Juden in Berlin beginnt Ende 1938, lange nach Beginn der antijüdischen Politik der Nationalsozialisten. Auch die Pogromnacht, bei der in der Nacht vom 9. auf den 10. November 1938 systematisch und von oben verordnet Synagogen im ganzen Land in Brand gesetzt und zerstört, jüdische Geschäfte und private Wohnungen demoliert und geplündert, Juden misshandelt und Hunderte ermordet oder in den Tod getrieben wurden und schließlich im Anschluss etwa 30.000 jüdische Männer in Konzentrationslager gesperrt wurden, streift sie nur kurz.

Die Pogromnacht – verniedlicht „Reichskristallnacht" genannt – markiert einen Wendepunkt in der nationalsozialistischen Judenverfolgung. Damit wandte sich das Regime von einzelnen Schritten zum Ausschluss der Juden aus der deutschen Wirtschaft, ihrer Stigmatisierung als Feinde und ihrer Ausgrenzung aus der Gesellschaft, vermittelt durch fortwährend neue Gesetze und Verordnungen, hin zum offenen Terror. Brandschatzung, Raub, Sachbeschädigung, Plünderung und Mord, wie im November 1938 von höchster Stelle angeordnet, waren auch in Nazi-Deutschland selbstverständlich verboten. Doch wenn es um die Verfolgung der Juden ging, dann besaßen diese Gesetze fortan keine Gültigkeit mehr, ja, den Verfolgten wurde nach der Pogromnacht zur „Sühne" auch noch eine Sondersteuer in Höhe von einer Milliarde Reichsmark auferlegt, die sie anteilig abzahlen mussten.

Warum Blanka Alperowitz' Bericht mit den Verfolgungen nach Kriegsbeginn einsetzt, dürfte aber einen anderen Grund haben. Bis zum 1. September 1939 waren die nach Erez Israel (hebräisch: dem Lande Israel) ausgewanderten deutschen Juden, also die Adressaten der Erstveröffentlichung, noch relativ gut über die Vorgänge in ihrer früheren Heimat informiert gewesen. Ausländische Zeitungen und Zeitschriften berichteten ausführlich aus Deutschland, aber auch das *Mitteilungsblatt*, eine in Tel Aviv herausgegebene deutschsprachige Wochenzeitung, ging in vielen Details auf die Schrecken der Pogromnacht von 1938 ein. Der Postverkehr gestaltete sich relativ reibungslos, wenn auch die Schreibenden angesichts der deutschen Zensur darauf achten mussten, keine vermeintlich regimefeindlichen Äußerungen zu tätigen.

Mit Beginn des Krieges rissen viele dieser Verbindungen ab. Der Postverkehr wurde eingestellt. Einziges Kommunikationsmittel zwischen den Verwandten und Freunden in Europa und den Ausgewanderten blieben Rot-Kreuz-Mitteilungen, deren Textlänge auf wenige Sätze limitiert war und die oft Monate benötigten, bis sie ihre Empfänger erreichten. Die Redaktionen vieler Zeitungen aus dem Ausland, deren Länder sich nun im Krieg mit Deutschland befanden, mussten ihre Korrespondenten aus Berlin abziehen. Es blieben einige wenige Berichterstatter aus neutralen Staaten wie der Schweiz übrig, die aber unter der verschärften Zensur der Nazis auch nicht das berichten durften, was sie wollten bzw. sahen, erlebten und hörten. Kurz: Die etwa 80.000 deutschsprachigen Juden im britischen Mandatsgebiet Palästina – darunter Tausende aus Berlin – waren nun ausgesprochen schlecht informiert darüber, was in Deutschland geschah und wie es ihren Lieben dort ging. Zwar drangen etwa die Berichte über die Deportationen aus Deutschland mit Verspätung auch in die neue Heimat, doch diese waren lückenhaft und unvollständig. Wie es den verbliebenen Juden in Berlin ging, welchem Terror und welchem Leid sie unterlagen, das konnte niemand genau wissen. Alperowitz' Bericht zählte zu den allerersten authentischen Zeugnissen über die Schreckensherrschaft, die es nun in Tel Aviv, Jerusalem oder Haifa an fast jeder Straßenecke zu kaufen gab. Deshalb war es nur folgerichtig, dass sich die Broschüre von 1943 auf die Tatsachen konzentrierte, die den Lesern von damals unbekannt geblieben waren.

ZU SEITE 18

Alperowitz macht zunächst darauf aufmerksam, dass es drei Arten von antisemitischen Gesetzen, Erlassen, Verordnungen und Verfügungen gab: die der Bevölkerung allgemein bekannten, diejenigen, die nur den Juden bekannt gemacht wurden, und schließlich die, die nur durch Mundpropaganda weitergetragen wurden. Das Regime beließ so viele seiner Bestimmungen im Ungefähren und sorgte zudem dafür, dass Nichtjuden nur lückenhaft über die Verfolgungen informiert blieben. Dass dies eine bewusste Politik des NS-Regimes war, geht aus einem Schreiben der Gestapo von 1942 hervor, in dem diese einen Befehl unterstreicht, nach dem Informationen unter den Berliner Juden „von Mund zu Mund" weitergegeben werden sollten.[2] Auch wussten viele Juden nicht, welche Konsequenzen aus der Übertretung einzelner Vorschriften folgten – diese konnten zwischen einer Geldstrafe und der sofortigen Deportation in ein Konzentrationslager differieren.

Man könnte aus heutiger Sicht eine vierte Kategorie hinzufügen, nämlich die Bestimmungen, die gänzlich unbekannt blieben. So hatten die Verfolgten wohl bemerken müssen, dass eine Auswanderung mit dem Kriegsbeginn immer schwieriger wurde, auch weil Deutschland nun von „Feindstaaten" umgeben war. Ein Schlüsseldokument zur Hinwendung von der erzwungenen Emigration zum Massenmord an den deutschen Juden aber kannten sie nicht, und auch Alperowitz wusste von der Existenz dieses Papiers nichts zu berichten. „Geheim! Reichsführer-SS und Chef der Deutschen Polizei hat angeordnet, dass die Auswanderung von Juden mit sofortiger Wirkung zu verhindern ist", schrieb SS-Brigadeführer Heinrich Müller, der Vorgesetzte von Adolf Eichmann und Chef der Gestapo, am 23. Oktober 1941.[3] Den jüdischen Gemeinden wurde dies nicht mitgeteilt. Sie realisierten erst Anfang 1942, dass keine Genehmigungen zur Auswanderung mehr erteilt wurden. Der Befehl ist nur ein Beispiel unter vielen anderen geheimen Anordnungen.

Das erwähnte *Jüdische Nachrichtenblatt* (Ausgabe Berlin) erschien nach dem Verbot aller jüdischen Zeitungen und Zeitschriften nach der Pogromnacht auf Anordnung der Nazis und unter strenger Kontrolle der Gestapo vom November 1938 bis zum Juni 1943. Anfangs brachte es noch Berichte über Auswanderungsmöglichkeiten, bald darauf diente es vor allem zum Abdruck antisemitischer Bestimmungen.[4]

ZU SEITE 19

Unter dem Begriff „Rassenschande" beschreibt Alperowitz den Fall eines jüdischen Manns, der, von einer Nachbarin denunziert, von einem Polizisten erschossen wird. „Rassenschande" war die geläufige Bezeichnung für die sexuelle Beziehung zwischen Juden und Nichtjuden, die mit den Nürnberger Rassengesetzen vom September 1935 unter Strafe gestellt worden waren. Nach dem „Blutschutzgesetz" waren neue Eheschließungen ebenso wie außerehelicher Geschlechtsverkehr zwischen Juden und „Deutschblütigen" verboten und konnten mit Zuchthausstrafen belegt werden. Während des Krieges wurden aber auch Todesstrafen verhängt. Das Gesetz untersagte zudem die Beschäftigung weiblicher Nichtjuden unter 45 Jahren in jüdischen Haushalten und trug damit der antisemitischen Vorstellung von männlichen Juden als triebgesteuerten Ungeheuern Rechnung.[5]

Allerdings unterliegt die Autorin einem Irrtum, wenn sie schreibt, ein jüdischer Mann sei zur Scheidung von seiner nichtjüdischen Ehefrau gezwungen worden. Es existierte kein entsprechendes Gesetz. Wohl aber wurden vor allem christliche Ehepartner unter dem Nationalsozialismus zur Scheidung gedrängt. Wer als Nichtjude an einer „Mischehe" – so der NS-Begriff – festhielt, konnte mannigfachen Diskriminierungen unterliegen und hatte vor allem berufliche Nachteile zu befürchten. Die bekannten Tagebücher des Dresdner Romanisten Viktor Klemperer zeigen, dass manche nichtjüdische Ehepartner dem Druck dennoch widerstanden und so ebenfalls ins Visier der Gestapo gerieten. Ab 1944 wurden nichtjüdische Ehemänner als Zwangsarbeiter in Lager gezwungen. In „Mischehe" lebende Juden sind trotz anderslautender Pläne der NS-Bürokratie in der Shoah nicht in Vernichtungslager deportiert worden, offenbar auch, um Protesten der christlichen Ehepartner vorzubeugen. Bei einer Scheidung verlor der jüdische Partner dagegen jeglichen Schutz.

Alperowitz schreibt von einem „Blockwalter". Gemeint sein dürfte ein Blockwart, so die übliche Bezeichnung für die niedrigsten NSDAP-Funktionäre, die auch die Haushalte in ihrer Umgebung überwachten und unter den Verfolgten gefürchtet waren.

ZU SEITE 20

Die Todesstrafe wurde ab 1933 auf immer mehr Delikte ausgedehnt – selbst wegen des Diebstahls einiger Hühner sind

Menschen hingerichtet worden. Während des Krieges stieg die Verhängung, wie Alperowitz richtig schreibt, ins Unermessliche an. Allein 1942 wurden 1.592 Menschen – ohne die Opfer der Militärjustiz – auf diese Weise umgebracht, insgesamt waren es von 1933 bis 1945 etwa 12.000.[6] Der Anteil der Personen, die wegen Landesverrats, also Widerstandshandlungen gegen das Regime, hingerichtet wurden, war hoch: 1943 betrug er 1.745 von insgesamt 5.336 Todesurteilen.[7] An Juden wurde die Todesstrafe ab 1942/43 nur noch selten vollstreckt, sie unterlagen kaum mehr der Justiz sondern der Gestapo und wurden in Konzentrations- und Vernichtungslager verschleppt und ermordet. Die Presseberichterstattung über vollzogene Hinrichtungen war vom Reichsjustizministerium bis ins Kleinste vorgegeben. Ab 1942 wurden Zeitungsmeldungen angesichts der Flut an Hinrichtungen begrenzt.

ZU SEITE 20 BIS 22
Das Verbot des Hörens ausländischer Rundfunksender richtete sich nicht nur gegen Juden, sondern betraf alle Deutschen. Die entsprechende Verordnung vom 1. September 1939 stellte besonders die Weitergabe von Gehörtem unter Strafe. Während das private Hören beispielsweise der britischen BBC oder von Radio Moskau mit Zuchthaus bestraft werden konnte, wurde die Weitergabe mit der Todesstrafe verfolgt, die auch vielfach verhängt worden ist.

Die Beschlagnahmung aller Rundfunkgeräte im Besitz von Juden wurde per Erlass des Reichssicherheitshauptamts vom 20. September 1939 verfügt. Diese SS-Dienststelle fungierte als Terrorzentrale im ganzen Deutschen Reich und den besetzten Gebieten. Die dazugehörige Gestapo produzierte eine Vielzahl an diskriminierenden Vorschriften gegen Juden, verantwortete aber auch die Verschleppung der Opfer in die Konzentrations- und Vernichtungslager. Eine Entschädigung für die Beschlagnahme der Radios erfolgte nicht. Um zu verhindern, dass Juden sich anschließend neue Geräte beschafften, musste der Einzelhandel fortan die Namen und Adressen aller Käufer registrieren.[8]

Jom Kippur, der Versöhnungstag, ist der höchste jüdische Feiertag, der als strenger Ruhe- und Fastentag begangen wird.

ZU SEITE 22 UND 23

Bei der Terminierung der nächtlichen Ausgangssperre für Juden unterliegt Alperowitz einem Irrtum. Die entsprechende polizeiliche Anordnung erfolgte bereits zu Kriegsbeginn am 1. September 1939. Das Verbot galt im Sommer für die Zeit von 21 bis fünf Uhr morgens, im Winter von 20 bis sechs Uhr morgens. Eine Bekanntgabe der Anordnung erfolgte nur gegenüber Juden. In einer vertraulichen Anweisung an die deutsche Presse hieß es, das Ausgehverbot sei erfolgt, weil Juden die kriegsbedingte Verdunklung dazu genutzt hätten, um „arische" Frauen zu belästigen, was einer antisemitischen Vorstellung vom sexuell begierigen männlichen Juden entspricht.[9]

ZU SEITE 24

Das von Alperowitz genannte Café Dobrin in der Jerusalemer Straße wurde von Isidor Dobrin betrieben. Bis Anfang der 1940er Jahre gab es noch einige wenige „jüdische" Kaffeehäuser in Berlin, in denen sich die Verfolgten treffen konnten, die aber auch von „Ariern" besucht werden durften. Das Café Dobrin war die letzte dieser Gaststätten und musste vermutlich Ende 1942 schließen. Der 1876 geborene Isidor Dobrin wurde zusammen mit seiner Frau Rosalia am 12. Januar 1943 nach Auschwitz deportiert und dort ermordet.[10]

ZU SEITE 24 UND 25

Verbotsschilder wie „Juden sind hier unerwünscht" oder „Für Juden verboten" waren in ganz Deutschland allgegenwärtig; ihre Geschichte reicht weit vor die Zeit des Nationalsozialismus zurück. Anfangs dienten diese Schilder der Zurückweisung von Juden in Hotels, Badeeinrichtungen oder Gaststätten, bisweilen in ganzen Dörfern. Auch diese Diskriminierung sorgte für die Separierung und Stigmatisierung. Die Beschilderung von Ruhebänken in Berliner Parks mit der Aufschrift „Für Juden verboten" erfolgte erstmals 1937 durch das Gartenbauamt Prenzlauer Berg. 92 von 100 Bänken wurden entsprechend gekennzeichnet.[11] Diese Praxis wurde bald darauf auf die ganze Stadt ausgedehnt, bis es kaum mehr Bänke gab, auf denen die Verfolgten sich hätten ausruhen können. Die wenigen „jüdischen" Parkbänke wurden mit einem „mattgelben Farbstrich" und der Aufschrift „Nur für Juden" versehen.[12] Damit war es faktisch unmöglich, dass sich Juden und Nichtjuden gemeinsam auf einer Bank treffen konnten. Mit der Zeit verschwanden diese „Judenbänke" ganz, weil es den Verfolgten untersagt wurde, öffentliche Parks zu betreten.

Das Verbot, bestimmte Straßen des Regierungsviertels zu betreten, erfolgte am 3. Dezember 1938 durch das Polizeipräsidium Berlin. Am gleichen Tag wurde Berliner Juden der Besuch aller öffentlichen Theater, Kinos, Kabaretts, Konzert- und Vortragsräume, Museen, Rummelplätze, Sportplätze, Eisbahnen, öffentlichen und privaten Badeanstalten, Hallenbäder und Freibäder, der Ausstellungshallen am Messedamm, des Funkturmgeländes, der Deutschlandhalle, des Sportpalastes und des Reichsportfelds untersagt.[13] Im Mai 1942 wurde das Betretungsverbot auf weitere Straßenzüge wie die Straße Unter den Linden, die Tauentzienstraße und Teile des Kurfürstendamms ausgedehnt. Infolgedessen waren die Verfolgten nun gezwungen, erhebliche Umwege zu gehen, zumal ihnen die Nutzung öffentlicher Verkehrsmittel untersagt war, mit Ausnahme des Arbeitsweges zur Zwangsarbeit.

Alperowitz erwähnt in ihrem Bericht die Zwangsnamen „Sara" und „Israel" für alle deutschen Juden mit nicht „jüdisch" klingenden Vornamen nur am Rande, weil sie sich sicher sein konnte, dass ihre Leser über diesen Vorgang informiert waren. Das Tragen dieser Namen war bereits am 17. August 1938 angeordnet worden.[14] Wer den Namen verbarg, musste, wie von der Autorin angegeben, mit der Einweisung in ein Konzentrationslager rechnen. Auch Blanka Alperowitz musste den Namen „Sara" tragen. Im Berliner Adressbuch von 1940 finden wir sie als „Alperowitz, Blanca Sara, Lehrerin a.D." verzeichnet. In den folgenden Adressbüchern waren keine Namen von Jüdinnen und Juden mehr angegeben. Auch so wurde ihre Existenz im öffentlichen Raum gelöscht.

ZU SEITE 25 UND 26

Aus der Flut antisemitischer Verordnungen greift Alperowitz das Telefonverbot heraus, ein weiterer Schritt, um die Juden von ihrer Umgebung zu isolieren. Der entsprechende Erlass datiert vom 19. Juli 1940. Später wurde Juden auch die Nutzung öffentlicher Telefonzellen verboten.

„Rechtskonsulenten", „Krankenbehandler" und „Zahnbehandler" waren eigentlich Rechtsanwälte, Ärzte und Zahnärzte. Doch die Nazis hatten Juden aus diesen Berufsgruppen die Erlaubnis zur Behandlung von Nichtjuden verboten, die Approbationen und Zulassungen entzogen, den Ärzten die kassenärztlichen Vertretungen untersagt und nur einigen wenigen von ihnen zugestanden, vorläufig weiter ausschließlich Juden behandeln zu dürfen. Eine Liste vom November 1942 nennt für Berlin 178 zugelassene jüdische „Krankenbehandler", 66 „Zahnbehandler", 13 Dentisten und 17 „Konsulenten".[15]

ZU SEITE 26 UND 27
Im Juni 1933 lebten etwa 160.000 Juden in Berlin. Rund 15.000 Menschen waren seit Beginn der NS-Herrschaft ins Ausland geflohen oder befanden sich in deutscher Haft. In ganz Deutschland gab es zu diesem Zeitpunkt etwa eine halbe Million Juden. Bis zum Mai 1939 verringerte sich die Zahl der Berliner Juden aufgrund der Überalterung der Gemeinde, vor allem aber infolge der starken Auswanderung – bis September 1939 rund 80.000 Personen – und trotz Zuzügen aus der Provinz auf etwa 78.000, bis zum Juni 1941 auf rund 64.000. Zudem begingen in diesen Jahren tausende Juden angesichts ihrer verzweifelten Lage Selbstmord. Nach Beginn der Deportationen lebten Ende 1942 noch knapp 33.000 Juden und Menschen, die von den Nazis aufgrund ihrer Abstammung zu solchen erklärt worden waren, in der Stadt.[16]

Die deutschen Juden hatten nach der Machtübernahme der Nationalsozialisten mit der Reichsvertretung der deutschen Juden (1935 zwangsweise umbenannt in Reichsvertretung der Juden in Deutschland) eine gemeinsame Dachorganisation geschaffen, an deren Spitze der liberale Rabbiner Leo Baeck stand. Daneben existierten weitere Gruppierungen wie die Zionistische Vereinigung für Deutschland, die eine Auswanderung nach Erez Israel propagierte, und der Central-Verein deutscher Staatsbürger jüdischen Glaubens (CV), der die Integration der Juden im Deutschen Reich befürwortete, sowie die einzelnen jüdischen Gemeinden in den Städten und Dörfern im gesamten Reich. Zudem bestand mit dem Jüdischen Kulturbund eine von den Nazis strikt überwachte Organisation, die Theater- und Kinoveranstaltungen nur für Juden anbot, da diese mehr und mehr vom allgemeinen kulturellen Leben ausgeschlossen wurden. Nach der Pogromnacht von 1938 verbot der Staat die meisten dieser Vereine und Gruppierungen, zuletzt im September 1941 den Kulturbund. An ihre Stelle trat ab dem

4. Juli 1939 zwangsweise die direkt der Gestapo unterstellte „Reichsvereinigung der Juden in Deutschland". Die Repräsentanten der alten Reichsvertretung durften dort weiterhin agieren, und sie wurden auch nicht von den Nazis ernannt. Allerdings musste der gemeinsame Vorstand von Reichsvereinigung und Jüdischer Gemeinde zu Berlin ab Dezember 1942 zusätzliche Personen aufnehmen, während andere Mitglieder deportiert wurden.[17] Die einzelnen jüdischen Gemeinden, denen schon 1938 der Status als Körperschaften des öffentlichen Rechts aberkannt worden war, verloren ihre Selbständigkeit und wurden, soweit nicht ganz aufgelöst, der Reichsvereinigung direkt unterstellt.[18] Am 2. April 1941 musste sich die Jüdische Gemeinde zu Berlin in Jüdische Kultusvereinigung zu Berlin umbenennen.

Die jüdischen Funktionäre standen vor einem unauflösbaren Dilemma. Sollten sie sich dem Ansinnen der Nazis verweigern, bei den antisemitischen Aktionen mitzuwirken? Oder war es sinnvoll, auch unter dem Befehl der Gestapo weiterzuarbeiten, um Schlimmeres zu verhüten, die Auswanderung zu unterstützen und dafür zu sorgen, dass ihre Glaubensgenossen weiterhin eine Stimme behielten? Die meisten entschieden sich schweren Herzens für das Weitermachen, nicht ahnend, dass sie schon bald zur Unterstützung bei den Deportationen in die Vernichtungslager und in das Ghetto Theresienstadt missbraucht werden sollten.

Vor deren Beginn im Herbst 1941 stellte die Gestapo die Jüdische Gemeinde Berlin vor die Alternative, bei der Abholung der Juden und deren Unterbringung in Sammelstellen in der Stadt mitzuwirken oder diese Arbeit ganz der SS zu überlassen, und „man weiß ja, was das werden würde", so ein Kriminalsekretär gegenüber der Leiterin der Abteilung Wohnungsberatung der Gemeinde, Martha Mosse.[19] So gedrängt und ohne Wissen um das tödliche Schicksal der Deportierten halfen Mitarbeiter der Gemeinde bei der Auswahl derjenigen, die verschickt werden sollten. Jüdische

Ordner waren bei der Abholung der Menschen in ihren Wohnungen zusammen mit der SS dabei, und sie erhielten Hilfsfunktionen in den Sammelunterkünften in Berlin, wo die Gemeinde zugleich für Verpflegung und wärmende Decken Sorge trug. Nach und nach dürften viele der Beteiligten freilich geahnt haben, was mit den Deportierten geschah. Vielen Verfolgten erschienen die jüdischen Funktionäre als Helfershelfer der Nazis.

Die Reichsvereinigung der Juden beschäftigte im September 1941 noch etwa 6.000 Menschen, davon rund 1.600 in der Berliner Jüdischen Gemeinde, die größtenteils in der Sozialfürsorge tätig waren.[20] Sie waren zunächst von den Deportationen ausgenommen. Mit deren Fortschreiten und der immer kleiner werdenden Zahl von Juden in Berlin befahl die Gestapo auch eine entsprechende Verringerung des Personals. Wer entlassen werden musste, kam auf die Deportationslisten. Ende Januar 1943 ordnete die Gestapo die Zusammenlegung der Reichsvereinigung mit der Jüdischen Gemeinde Berlin an. Nachdem der allergrößte Teil der Berliner Juden ermordet worden war, verfügte das Reichssicherheitshauptamt im Mai 1943 die Liquidierung der jüdischen Vertretung. Fast alle ihre Funktionäre wurden deportiert, die Berliner Jüdische Gemeinde aufgelöst. Es blieb als einzige jüdische Institution in Deutschland die „Neue Reichsvereinigung", zuständig für die wenigen verbliebenen Juden in „Mischehe", die nicht deportiert wurden.[21]

Die meisten Synagogen in Deutschland waren in der Pogromnacht vom November 1938 gebrandschatzt worden, viele wurden anschließend abgerissen. Manche noch bestehende Gotteshäuser wurden als Warenlager missbraucht. Dennoch gab es, anders als Alperowitz schreibt, weiter einige wenige regelmäßige Gottesdienste, die in Berlin in kleineren Beträumen abgehalten werden mussten, so zum Beispiel bis zu deren Schließung in der Synagoge des Auerbachschen Waisenhauses in Prenzlauer Berg. Allerdings war ein Besuch infolge des Verbots der Benutzung öffentlicher Verkehrsmittel häufig mit mehrstündigen Fußmärschen verbunden – gerade für die Mehrheit der älteren Menschen ein unüberwindbares Hindernis. Das *Jüdische Nachrichtenblatt* annoncierte noch im Dezember 1942 Gottesdienste an vier Orten in Berlin.[22] Zuvor, im Mai 1942, hatte die Gestapo Gottesdienste in der Neuen Synagoge in der Oranienburger Straße verboten. Selbst nach der Deportation fast aller Berliner Juden im Jahr 1943 fanden weiterhin Gottesdienste statt, nun im Geheimen abgehalten auf dem Jüdischen Friedhof Weißensee von Rabbiner Martin Riesenburger.[23]

ZU SEITE 28

Seit dem November 1938 war jüdischen Kindern der Besuch von allgemeinen Schulen verboten, sie durften nur in jüdischen Schulen unterrichtet werden.[24] 1940 lernten noch 2.640 Kinder an jüdischen Schulen in Berlin.[25] Die privaten jüdischen Oberschulen wurden 1939/40 auf Anweisung der Behörden zugesperrt. Am 30. Juni 1942 mussten sämtliche jüdische Schulen geschlossen werden. Die Reichsvereinigung wurde angewiesen, „sämtliche jüdische Schulen zu schließen und bekanntzugeben, daß Beschulung jüdischer Kinder durch besoldete oder unbesoldete Lehrkräfte untersagt wird", lautete der entsprechende Erlass.[26] Tagesheime und Kindergärten mussten, anders als von Alperowitz angegeben, erst in den folgenden Monaten schließen.[27] Handwerkliche Aus- und Fortbildungskurse durch die Jüdische Gemeinde oder die Reichsvereinigung der Juden waren schon im April 1941 untersagt worden.[28] Zuletzt mussten im Juni 1942 Krankenschwestern- und Kindergärtnerinnenseminare zusperren. Damit unterlagen die deutschen Juden faktisch einem Bildungsverbot, denn an Hochschulen durften sie schon lange nicht mehr studieren.

Rosch Haschana ist das jüdische Neujahrsfest.

ZU SEITE 28

Die Kinder aus dem jüdischen Auerbachschen Waisenhaus, benannt nach seinem Gründer Baruch Auerbach, wurden ab dem Herbst 1942 in den Tod deportiert. Der letzte Transport erfolgte am 29. November 1942: Unter den 998 Insassen des „23. Berliner Osttransports", der Berlin in Richtung Auschwitz verließ, befanden sich 66 Kinder aus dem Waisenhaus, das Jüngste war gerade 10 Monate alt. Niemand überlebte. Danach übernahm die Hitlerjugend das bald darauf durch Bomben zerstörte Heim.[29]

Das Jüdische Museum in der Oranienburger Straße nächst der Neuen Synagoge, eröffnet 1933 wenige Tage vor der Machtübernahme der Nationalsozialisten, musste nach der Pogromnacht im November 1938 geschlossen werden. Die Bestände wurden von der Gestapo beschlagnahmt.[30] Auch die Bibliothek der Jüdischen Gemeinde – es existierten eine ganze Reihe Filialbibliotheken in verschiedenen Stadtteilen – wurde zwangsweise zugesperrt, die Bestände im Sommer 1939 beschlagnahmt und abgeholt.[31]

ZU SEITE 30 UND 31

Zu den Aufgaben, zu denen Reichsvereinigung und Jüdische Gemeinde Berlin von der Gestapo gezwungen wurden, zählte die Erfassung und Registrierung der Juden. Die Karteien mussten stets auf dem neuesten Stand bleiben. Allein in der Reichsvereinigung arbeiteten im Mai/Juni 1941 täglich 50 Personen in mehreren Schichten. Die Karteien fungierten als eine Grundlage für die Deportationen, wurden aber auch zur Durchsetzung judenfeindlicher Verordnungen herangezogen.[32]

ZU SEITE 31 UND 32

Die Abgabe der damals weit verbreiteten Pelzkleidung und von Wollsachen war keine freiwillige Angelegenheit, wie die ähnliche Winterhilfsaktion unter den „arischen" Deutschen. Juden wurden in dieser Sammelaktion für die Ostfront – angeordnet per Erlass des Reichssicherheitshauptamts vom 5. Januar 1942 – dazu gezwungen, sämtliche in ihrem Besitz befindlichen Pelz- und Wollsachen, aber auch alle Skier, Ski- und Bergschuhe entschädigungslos abzugeben.[33] Während das NS-Regime also gegenüber den „Volksgenossen" auf Freiwilligkeit setzte, wurden die Juden umstandslos ihrer wärmenden Kleidungsstücke beraubt. Die ganze Aktion stand in Zusammenhang mit der kurz zuvor vor Moskau gescheiterten Offensive der Wehrmacht gegen die Sowjetunion. Die NS-Führung und ihre Militärs hatten darauf vertraut, den Russlandfeldzug noch vor Beginn des Winters 1941/42 erfolgreich abschließen zu können, und daher darauf verzichtet, die eingesetzten Soldaten entsprechend einzukleiden.

Die Zwangsabgabe aller elektrischen Geräte bis auf Glühlampen aus jüdischen Haushalten ist ein Beispiel der perfiden Effizienz der Nazi-Verordnungen. Am 13. November 1941 war zunächst die Anmeldung aller solcher Geräte angeordnet worden, womit sich das Regime einen detaillierten Einblick in den Besitz verschaffte. Sieben Monate später, am 12. Juni 1942, wurden alle deutschen Juden dazu gezwungen, diese Haushaltsgeräte entschädigungslos abzuliefern. Das Besitzverbot umfasste weiterhin optische Geräte, Fahrräder, Fotoapparate und Ferngläser.[34] Der Besitz von Fotoapparaten und Ferngläsern war schon einmal, nämlich am 13. November 1941, verboten worden. In diese Verfügung fiel auch das Verbot des Besitzes von Schreib- und Rechenmaschinen sowie Vervielfältigungsgeräten.[35]

ZU SEITE 33

Für kurze Zeit stellten die Abgaben der Auswanderer neben der Gemeindesteuer für jedes Mitglied eine wichtige Finanzierungsquelle der jüdischen Vertretungen dar. Diese Auswandererabgabe wurde im März 1939 im Einvernehmen mit den NS-Behörden eingeführt. Eine Regelung von Februar 1940 bestimmte, dass die Emigranten bei einer Freigrenze von 10.000 Reichsmark je nach ihren finanziellen Verhältnissen zwischen zehn und 60 Prozent ihres Vermögens zu zahlen hatten.[36] Infolge des 1941 erfolgten Auswanderungsverbots und dem Ausbleiben von Spenden mussten die Reichsvereinigung und die Jüdische Gemeinde Berlin die stark gestiegenen Sozialleistungen zusammenstreichen. Heime wurden enger belegt, manche Einrichtungen geschlossen, Gebühren erhöht und das Personal reduziert.

ZU SEITE 33 UND 34

Mit der jüdischen Auswandererstelle meint Alperowitz die Zentralstelle für jüdische Auswanderung. Diese 1939 von den Nazis gegründete Behörde sollte die damals noch erwünschte Auswanderung forcieren. In der Kurfürstenstraße 116 waren mit dem Ziel der Verfahrensbeschleunigung alle Behörden vertreten, die beim bürokratischen Hürdenlauf der erzwungenen Auswanderung eine Rolle spielten. Einbezogen war von jüdischer Seite die Reichsvereinigung. Ab Oktober 1939 wurde die Reichsstelle von Adolf Eichmann geleitet, dem später die Organisation der Deportationen der europäischen Juden in die Vernichtungslager oblag. Er wandelte die Behörde mit Sitz in der Kurfürstenstraße 116 dazu in ein Sonderreferat des SS-Reichssicherheitshauptamts um. Dienstsitz für das „Judenreferat" IV B 4 der Gestapo blieb das Haus in der Kurfürstenstraße.[37]

SEITE 34 UND 35
Entrechtung, Berufsverbote, rassistisch motivierte Entlassungen und die „Zwangsarisierungen" hatten bis zum Ende der 1930er Jahre dafür gesorgt, dass viele deutsche Juden in die Arbeitslosigkeit getrieben wurden und verarmten. Im Sommer 1938 erhielt etwa ein Viertel aller Juden soziale Unterstützung. Zu diesem Zeitpunkt begannen erste Überlegungen zum Einsatz von Juden als Zwangsarbeiter. Im Dezember des gleichen Jahres wurde der „geschlossene Arbeitseinsatz" für erwerbslose und von Unterstützung abhängige Personen angeordnet. In diesem Zusammenhang entstand die „Zentrale Dienststelle für Juden" in der Fontanepromenade 15, auf die Alperowitz verweist. Es handelte sich nicht um eine jüdische Einrichtung, sondern vielmehr um eine Behörde des Arbeitsamts Berlin, von den Verfolgten schon bald „Schikanenpromenade" genannt.[38] Das von Alperowitz erwähnte jüdische Arbeitsamt in der Rosenstraße 2/4 war dagegen eine Einrichtung der Jüdischen Gemeinde und stand unter der Aufsicht der Gestapo. Im September 1941 wurden dessen Mitarbeiter dazu gezwungen, dem allgemeinen Arbeitsamt eine Liste aller arbeitsfähigen Juden zu übermitteln.[39]

Anfangs versuchten viele Juden, der Zwangsarbeit zu entgehen, die wesentlich schlechter als üblich entlohnt wurde und bei der auch Rechtsanwälte oder Ärzte körperliche Schwerstarbeit zu verrichten hatten. Nach Beginn der Deportationen aber war der Einsatz als Zwangsarbeiter in der Rüstungsindustrie gleichbedeutend mit einer Garantie, zumindest vorläufig nicht in den Tod verschleppt zu werden. Viele deutsche Arbeiter waren in die Wehrmacht eingezogen worden, deshalb bestand ein Arbeitskräftemangel. Bis Anfang 1943 stand den Nazis adäquater Ersatz für die jüdischen Arbeitssklaven durch Zwangsarbeiter aus Polen und anderen besetzten Staaten noch nicht zur Verfügung. Deshalb drängten nun die wenigen Juden, die als arbeitsfähig galten, aber nicht als Zwangsarbeiter schuften mussten, auf diese Stellen. Jüdische Zwangsarbeiter, die dennoch deportiert werden sollten, konnten in einzelnen Fällen vom Arbeitgeber als unabkömmlich deklariert werden und entgingen so vorläufig der Verschickung in die Todeslager. Im März 1942 waren etwa 20.000 Berliner Juden als Zwangsarbeiter beschäftigt.[40] Mit der „Fabrikaktion" Ende Februar 1943 – also nach der Abreise von Blanka Alperowitz in das britische Mandatsgebiet – aber wurden fast alle jüdischen Zwangsarbeiter unmittelbar an ihren Arbeitsplätzen festgenommen und in das Vernichtungslager Auschwitz deportiert.

ZU SEITE 35 UND 36
Die von Alperowitz erwähnten Sperrkonten waren die einzigen Bankkonten, die deutsche Juden ab Sommer 1939 noch führen durften. Alle Zahlungsvorgänge waren nur noch über diese Konten erlaubt, die Annahme von Bargeld verboten. Die Besitzer der Konten durften nur von den Behörden festgelegte Beträge abheben, anfangs monatlich höchstens 300 Reichsmark. Das Abheben höherer Summen musste genehmigt werden und wurde nur dann erlaubt, wenn es um Zahlungen im Zusammenhang von Steuern und Abgaben, Arzt- und Anwaltskosten sowie anfangs um Kosten für die Auswanderung ging. Mit den Sperrkonten verschafften sich die Nazis detaillierte Einblicke in die Vermögensverhältnisse der verfolgten Minderheit.[41]

ZU SEITE 36
Nach einer Verfügung vom 13. November 1940 durften „deutsche" Schuhmacher Juden nicht länger bedienen. Stattdessen sollten sich diese ausschließlich an jüdische Schuh-

macher wenden, die eben nur Schuhe von Juden reparieren durften.[42] Eine Verfügung des Berliner Hauptwirtschaftsamts bestimmte, dass allein die Firma „Alsi-Schuhreparaturen" für Juden zugelassen war.[43] Eine Filiale des Unternehmens, das jüdische Schuhmacher als Zwangsarbeiter beschäftigte, befand sich in der Berliner Kaiserstraße. Die Abgabe von Bezugsscheinen für Schuhe, Sohlenmaterial und Spinnstoffwaren war Juden schon am 23. Januar 1940 verboten worden. Den Bezug von Kleiderkarten untersagte die überbordende NS-Bürokratie gleich zweimal – einmal im Runderlass des Reichswirtschaftsministeriums vom 23. Januar 1940, zudem aber bereits einige Wochen zuvor am 7. Dezember 1939 durch dieselbe Behörde, die anordnete, an Juden zugeteilte Kleiderkarten seien einzuziehen.[44]

ZU SEITE 36 UND 37
Blanka Alperowitz schildert, wie ihr der Bezug einer Zeitung untersagt wird – zunächst über die Botenfrau, dann durch die Post und schließlich auch noch per Straßenverkauf. Einer NS-Bestimmung entsprechend wurde der Zeitungsbezug für Juden aber für alle Vertriebswege gleichzeitig untersagt. Die Anordnung des Reichssicherheitshauptamts vom 17. Februar 1942 verbot die Belieferung mit Zeitungen, Zeitschriften oder mit Gesetz- und Verordnungsblättern sowohl durch die Post als auch direkt durch Verlage oder über Straßenhändler. Möglicherweise dauerte es einige Monate, bis diese nicht allgemein veröffentlichte Anordnung allen Stellen bekannt wurde. Mit diesem Verbot waren die in der Stadt lebenden Juden fast aller Informationsmöglichkeiten über die politische und militärische Lage beraubt. Ihre Radios hatten sie schon im September 1939 abgeben müssen. Wochenschauen im Kino durften sie nicht mehr anschauen. Bibliotheken nicht mehr betreten. So blieb, abgesehen von den Anschlä-

gen an Litfaßsäulen, nur noch die Informationsweitergabe von Mund zu Mund.

ZU SEITE 37 UND 38
Die Bewegungseinschränkung für die verfolgte Minderheit erfolgte in mehreren Schritten. Der Reichsführer SS Heinrich Himmler verbot im November 1938 Juden die Nutzung privater Kraftfahrzeuge; Führerscheine und Fahrzeugpapiere waren bei den Behörden abzuliefern. Ab dem 23. Februar 1939 war deutschen Juden die Benutzung von Schlaf- und Speisewagen bei der Reichsbahn untersagt worden. Mit Datum vom 18. September 1941 war es Juden verboten, ihren Wohnsitz ohne schriftliche Erlaubnis der Polizeibehörden zu verlassen. Innerhalb ihrer Wohngemeinde hatten sie bei starkem Andrang in den Bahnhöfen zurückzubleiben, Sitzplätze durften sie nur einnehmen, wenn diese nicht von „Ariern" beansprucht wurden. Blanka Alperowitz weist in ihrem Text besonders auf einen Erlass vom 24. März 1942 – nicht Mai – hin, der Juden nun auch noch die Nutzung öffentlicher Verkehrsmitteln innerhalb ihrer Wohngemeinde untersagte. Selbst jüdischen Schulkindern war damit die Nutzung von Bahnen und Bussen verboten, solange die Entfernung zwischen Wohnung und Schule nicht mindestens fünf Kilometer betrug.[45]

ZU SEITE 38 BIS 45
Die Rationierung von Lebensmitteln setzte mit dem Beginn des Kriegs für die gesamte Bevölkerung ein. Danach durften Fleisch, Milch, Öl, Fett, Zucker und Eier sowie bald darauf auch Brot und Mehl nur noch in begrenzen Mengen eingekauft werden. Dazu wurden vierwöchentlich Lebensmittelmarken ausgegeben, in denen die einzelnen Waren genau bezeichnet waren.[46] Schwer- und sogenannte Schwerstarbei-

ter erhielten zusätzliche Rationen. Im Verlauf des Krieges kam es zu immer weiteren Kürzungen, so bei Gemüse und Früchten. Doch großen Hunger mussten die Deutschen im Allgemeinen nicht leiden – dafür sorgte die Ausplünderung aller Lebensmittel im besetzten Osten, wo die Nazis den Hungertod der einheimischen Bevölkerung in ihre Pläne mit einkalkulierten.

Die Diskriminierung der jüdischen Minderheit bei der Abgabe von Lebensmitteln wurde im Lauf des Krieges immer weiter verschärft und kann hier nur in Ausschnitten wiedergegeben werden. Am 1. Dezember 1939 erfolgte ihr Ausschluss aus der Vergabe von Sonderrationen für die Zeit vom 18.12.1939 bis zum 14.1.1940, wodurch sie weniger Fleisch und Butter und gar keinen Kakao und Reis erhielten. Dem schloss sich unmittelbar die Kürzung bei der Verteilung von Fleisch und Gemüse an. Am 11. März 1940 bestimmte ein Runderlass des Reichsministeriums für Ernährung und Landwirtschaft die Kennzeichnung von Lebensmittelkarten mit dem Buchstaben „J". Zugleich erklärte das Ministerium, dass Juden von der Vergabe nicht rationierter, aber schwer erhältlicher Lebensmittel ausgeschlossen wurden, was etwa Hühner und Fische betraf. 1941 ersann das Reichsfinanzministerium die perfide Regelung, dass Lebensmittel, die Juden per Paket aus dem Ausland erhielten, von ihren Lebensmittelzuteilungen abgezogen wurden. Im Sommer des gleichen Jahres wurde die Ausgabe von Lang-, Schwer- und Schwerstarbeiterzulagekarten an Berliner Juden eingestellt.[47] Am 18. September 1942 erging schließlich der Erlass, dass Juden generell kein Fleisch, keine Fleischprodukte, keine Eier, Weißbrot und Milch sowie keine Zigaretten und Tabak mehr erhalten durften. Selbst die Zuteilungen für jüdische Kinder wurden gekürzt. Vom 9. Oktober 1942 an war Juden auch der Kauf von Büchern verboten.[48]

Die verzweifelte und immer neue Suche nach Geschäften, in denen Juden überhaupt noch einkaufen konnten, beruhte auf einem Erlass der Sicherheitspolizei vom September 1939, also unmittelbar nach Kriegsbeginn. Er bestimmte, dass den Verfolgten besondere Geschäfte zum Ankauf von Lebensmitteln zugewiesen wurden. Als Geschäftsinhaber dieser Läden wurden zuverlässige „arische" Kaufleute genannt, womit die Nazis versteckte Hilfen zwischen langjährigen jüdischen Kunden und christlichen Ladenbesitzern zu verhindern trachteten. Einzelhandelsgeschäfte mit jüdischen Inhabern gab es schon seit Ende 1938 nicht mehr, sie waren „zwangsarisiert" oder geschlossen worden.[49] Die Festsetzung der Einkaufszeit zwischen 16.00 und 17.00 Uhr erfolgte am 4. Juli 1940 durch den Berliner Polizeipräsidenten. Anfang September 1942 verschärfte eine Polizeiverordnung diese Schikane durch die Anordnung, dass Juden nicht länger in Markthallen, auf Wochenmärkten oder an Straßenverkaufsständen einkaufen durften.[50]

ZU SEITE 45 BIS 47

Zwar ist Alperowitz' Beobachtung, dass sich die Stimmung in der Bevölkerung im Verlauf des Krieges zunehmend verschlechterte, richtig. Allerdings stimmt ihre Aussage, es sei niemals geflaggt worden, so nicht. So hingen in Berlin zum Beispiel beim triumphalen Empfang Adolf Hitlers am 6. Juli 1940 nach dem siegreichen Frankreich-Feldzug überall Hakenkreuz-Fahnen aus den Fenstern.[51]

ZU SEITE 48 BIS 50

Die Luftangriffe auf Berlin begannen im August 1940, doch blieben die Zerstörungen zunächst gering.[52] Heftigere Luftschläge setzten ab Ende Dezember ein und nahmen danach mit längeren Pausen einen immer größeren Umfang ein. Dabei traf es im April 1941 auch die Staatsoper Unter den Linden, die weitgehend ausbrannte. Die Nazis setzen alles daran, das prestigeträchtige Gebäude rasch wiederherzurichten, was auch gelang. Alperowitz' Beobachtung, dass sich die Zahl der Luftangriffe 1942 deutlich verringerte, ist richtig; den Beginn der schweren Bombardements im Jahr 1943, die bis zum Kriegsende anhielten und bei denen sich Briten und US-Amerikaner abwechselten, erlebte sie nicht mehr in Berlin. Zum Zeitpunkt ihrer Abreise nach Erez Israel schien es noch so, als könnte die Wehrmacht bei Stalingrad in der Sowjetunion schon bald einen Sieg feiern. Damals besaß das von den Deutschen besetzte Gebiet in Europa und Nordafrika auch seine größte Ausdehnung. Erst Ende Januar 1943 musste das NS-Regime in Stalingrad seine bis zu diesem Zeitpunkt größte Niederlage eingestehen.

ZU SEITE 50 UND 51
Gut drei Wochen nach Kriegsbeginn bestimmte ein unveröffentlichter Erlass der Gestapo, dass Juden sich selbst Luftschutzräume zu bauen hätten. Dies konnte allerdings aus rein praktischen Gründen nicht die Bewohner von Wohnungen in der Großstadt Berlin betreffen. Noch vor Beginn der großen Luftangriffe auf deutsche Großstädte durch die westlichen Alliierten verlangte deshalb ein Erlass des Reichsluftfahrtministeriums vom 7. Oktober 1940, dass Juden in Luftschutzräumen getrennt von der übrigen Bevölkerung unterzubringen seien.[53]

ZU SEITE 51 UND 52
Im Nationalsozialismus existierte kein Gesetz, das Nichtjuden den bloßen Kontakt mit Juden untersagte. Wohl aber folgte die große Mehrzahl der Deutschen dem öffentlichen Druck von Partei und Staat, den Umgang mit Jüdinnen und Juden zu beenden. Tatsächlich hätten die nichtjüdischen Deutschen sehr viel mehr Solidarität mit den Verfolgten

zeigen können, ohne sich selbst in große Gefahr zu begeben. Freundschaftliche Beziehungen konnten ab 1941 mit der Einweisung in ein KZ bestraft werden. Eine fortgesetzte heimliche Hilfe für Juden – etwa durch die Unterstützung Versteckter – hatte höchst unterschiedliche Konsequenzen und reichte von Geldstrafen bis zur Einweisung in Konzentrationslager. Es ist auffällig, dass Alperowitz die große Mehrheit der nichtjüdischen Deutschen trotz ihrer fehlenden Zivilcourage in Schutz nimmt.

ZU SEITE 52 BIS 56

Die Kennzeichnung der Juden durch einen Stern gilt als eine der einschneidensten Maßnahmen zur Stigmatisierung und Separierung der verfolgten Minderheit. Schon seit 1938 waren Juden im Gegensatz zu Nichtjuden dazu verpflichtet, jederzeit eine Kennkarte mit sich zu tragen, aus der ihre Religionszugehörigkeit hervorging. Reisepässe mussten mit einem „J" gekennzeichnet werden.[54] Die Kennzeichnung mit dem „Judenstern" geschah nicht zufällig nur wenige Wochen vor Beginn der großen Deportationen in die Ghettos und Vernichtungslager im Osten. Juden waren nun im Straßenbild jederzeit kenntlich. Wer den Stern etwa unter dem Mantelkragen verbarg oder gar nicht trug, konnte umgehend in ein Konzentrationslager deportiert werden. Die entsprechende Polizeiverordnung vom Reichministerium des Innern erfolgte am 1. September 1941 und bestimmte, dass sich Juden mit der Vollendung des 6. Lebensjahrs in der Öffentlichkeit nicht ohne den Stern zeigen durften.[55] Die Quittungen beim Kauf der Sterne bei den jüdischen Gemeinden – jeder kostete zehn Pfennige – ermöglichten eine exakte Registrierung aller Juden.[56] Ergänzend erfolgte am 13. März 1942 ein Erlass des Reichssicherheitshauptamts, mit dem die Kennzeichnung der Wohnungen von Juden mit einem „Judenstern" an der Eingangstür angeordnet wurde.[57]

ZU SEITE 56 BIS 61

Alperowitz benutzt für die Deportationen in den Osten das von den Nazis verwendete Wort „Evakuierungen" – sie selbst wusste ja nicht, wohin die Menschen gebracht wurden und was mit ihnen geschah. Die Deportationen der deutschen Juden in den Tod begannen im Oktober 1941. Am 18. Oktober des Jahres verließ der erste Zug mit 1.013 Gefangenen Berlin, am folgenden Tag traf er im jüdischen Ghetto Lodz im annektierten Teil Polens ein. Es folgten drei weitere Transporte nach Lodz sowie im November Züge nach Minsk, Kaunas und Riga im deutsch besetzten Weißrussland, Litauen und Lettland.[58] Insgesamt gelangten bis Anfang November fast 20.000 deutsche und österreichische Juden in das schon völlig überfüllte Ghetto Lodz, einem mit Stacheldraht abgesperrten Stadtbezirk, in dem Seuchen grassierten und viele Menschen den Hungertod starben. Anfangs war noch brieflicher Kontakt zwischen Berlin und dem Ghetto möglich. Bis zum Juni 1942 waren dort schon mehr als 10.000 der deutschen Juden verstorben. Nicht „Arbeitsfähige" verfrachtete die SS ins nahe gelegene Chelmno, wo sie in mobilen Gaswagen ermordet wurden.[59]

Die nach Minsk verschleppten etwa 1.000 Berliner Juden sind, so sie nicht schon vorher an Krankheiten und Unterernährung verstorben waren, im Juni 1942 von deutschen Polizisten ermordet worden. 1.006 Menschen wurden am 17. November 1941 von Berlin nach Kaunas deportiert. Sie alle hat man kurz nach ihrer Ankunft ermordet. Die 1.053 Berliner Juden, die am 30. November 1941 in Riga eintrafen, wurden am selben Tag dort in einem Wald erschossen.

Die Deportationen gingen danach weiter, neues Ziel wurden unter anderem das Ghetto von Warschau, der Distrikt Lublin im besetzten Polen und schließlich das Vernichtungslager Auschwitz. Insgesamt deportierten die Nazis in 60 Transporten etwa 35.000 Berliner Juden in die Vernichtungslager. Weitere 15.000 Personen wurden in das Ghetto

Theresienstadt verbracht, von denen viele später weiter in die Mordstätten deportiert wurden. Insgesamt wurden zwischen 1933 und 1945 etwa 55.000 Berliner Jüdinnen und Juden ermordet.[60] Aus dem „Großdeutschen Reich" deportierten die Nationalsozialisten mindestens 265.000 Menschen in die Vernichtung.[61]

Die von Blanka Alperowitz aufgeführte Deportation der Juden aus Stettin – etwa 1.000 Menschen – geschah im eiskalten Februar 1940. Damals hatte sich die NS-Führung noch nicht auf den Massenmord an allen europäischen Juden verständigt, man diskutierte vielmehr die Einrichtung von „Judenreservaten" im besetzten Polen oder auf der Insel Madagaskar. Die Stettiner Juden wurden mit dem Zug in die Nähe von Lublin gebracht, der Waggon mit ihrem Gepäck unterwegs abgehängt und gestohlen. In den Ghettos fehlte es den Menschen an Lebensmitteln, Heizmitteln und Wohnraum, bisweilen mussten elf Menschen in einem einzigen Zimmer leben. Rund ein Viertel der Deportierten starb binnen eines Monats.[62] Immerhin war es zunächst noch möglich, Briefe und Pakete unter Deckadressen von Deutschland an die noch Lebenden zu senden. 1942 wurden die meisten der nach Lublin Deportierten ermordet.[63]

ZU SEITE 57 UND 58
Die Wohnungsberatungsstelle der Jüdischen Gemeinde in der Oranienburger Straße war 1939 eingerichtet worden, um nach Aufhebung des Mieterschutzes für Juden zwangsgeräumte Menschen in anderen von Juden bewohnten Wohnungen unterzubringen. Ziel der Nazis war dabei eine Konzentration der Mieter in so genannten Judenhäuser. Mit Beginn der Deportationen musste die Wohnungsberatungsstelle die Opfer über ihren bevorstehenden Abtransport informieren; teilweise war sie auch mit der Erstellung der Deportationslisten betraut. Bei den ersten Transporten tarn-

te man die Aktionen zunächst als Umzug innerhalb Berlins. Mitte 1942 hat man die Stelle konsequenterweise in „Wohnungsstelle/Abwanderung" umbenannt, wobei „Abwanderung" einer der Tarnbegriffe für die Deportationen war.[64]

In den von Alperowitz so genannten „Unterlagen über unsere Vermögensverhältnisse" mussten die Betroffenen vor ihrer Deportation detaillierte Angaben über ihren gesamten Besitz vom Sparkassenbuch bis zum Inventar des Kinderzimmers machen. Ihr gesamtes Vermögen fiel an das Deutsche Reich. Das Wohnungsinventar wurde im Auftrag des Oberfinanzpräsidenten öffentlich versteigert, und weil sich viele „Volksgenossen" dabei günstig mit Möbeln oder Gemälden eindeckten, dürfte ein nicht geringer Anteil des geraubten jüdischen Eigentums bis heute in deutschen Wohnstuben erhalten geblieben sein.

ZU SEITE 58 BIS 60

Die Berliner Jüdische Gemeinde wurde 1941 von der Gestapo dazu gezwungen, die weitgehend intakte Synagoge Levetzowstraße in ein Sammellager für 1.000 Menschen umzuwidmen. Dorthin kamen in der ersten Zeit alle Juden, die in den Osten deportiert werden sollten. Die Wartezeit bis zum Transport betrug meist zwei bis drei Tage. Mitte 1942 musste die Gemeinde dann das bis dahin als Altersheim genutzte Gebäude in der Großen Hamburger Straße zu einem gefängnisartigen Sammellager umbauen. Ab November 1942 gingen die Transporte in den Osten von dort aus ab. An beiden Orten betreuten Gemeindemitarbeiter die Opfer, während die SS und die Schutzpolizei die Absperrungen vornahmen.[65] Teile des Gepäcks der Opfer wurden von der SS schon in Berlin willkürlich beschlagnahmt und mussten in der Synagoge Thielschufer (heute Fraenkelufer) eingelagert werden.[66]

Einige Betroffene nutzten die Zeit zwischen der schriftlichen Ankündigung und dem Tag des Einfindens zur Deportation in das Sammellager zur Flucht. Deshalb änderte die Gestapo bald ihre Taktik. Die Opfer sollten sich nicht mehr selbst zum Lager Levetzowstraße begeben, sondern wurden in ihren Wohnungen abgeholt. Allerdings erhielten sie zunächst weiterhin im Vorfeld eine „Vermögenserklärung" zugesandt.[67] Ab November 1942 erschien die SS dann ganz ohne Ankündigung in den Wohnungen der Betroffenen. Jüdische Ordner halfen beim Packen einiger Habseligkeiten, bis die Menschen einige Stunden später mit Autos zu der Sammelstelle gebracht wurden. Wer als Ordner einem Juden half, dem drohte die Deportation in den Tod.

Alperowitz vermeidet in ihrem Text jede Andeutung auf die geflüchteten Juden, möglicherweise in der Furcht, diese Veröffentlichung könnte den Nazis hilfreich sein. Tatsächlich flüchteten ab 1941 vermutlich etwa 6.000 Berliner Jüdinnen und Juden in den Untergrund, wo sie nur mit der Hilfe nichtjüdischer Deutscher überleben konnten. Mehr als 1.700 von ihnen hielten bis zur Befreiung in der Stadt durch, die meisten aber fielen der Gestapo in die Hände, oder sie kamen bei Bombenangriffen ums Leben.[68]

Im Jahr 1942 deportierten die Nazis mehr als 16.000 Juden aus Berlin.[69] Die Deportationszüge starteten zunächst in Berlin-Grunewald, später vom Güterbahnhof Moabit aus. Anfangs wurden die Opfer in älteren Personenwaggons 3. Klasse transportiert, später aber auch in Güterwagen.[70] Bei den ersten Deportationen mussten die Jüdinnen und Juden in bewachten Kolonnen zu Fuß quer durch die Stadt marschieren. Später kamen Lastwagen zum Einsatz.[71] Es kursierten Gerüchte, die Stadt solle „judenrein" gemacht werden. Tatsächlich ist zumindest dies den Nazis nicht gelungen. Neben den Untergetauchten überlebten einige tausend Berliner Juden, die mit nichtjüdischen Partnern verheiratet waren, die Shoah.

ZU SEITE 60 UND 61
Die Mitteilung des Bezirksbürgermeisters beruhte vermutlich auf einer Gestapo-Anordnung vom Dezember 1941, nach der Juden ihr freies Verfügungsrecht über ihren persönlichen Besitz verloren.[72]

ZU SEITE 61 UND 62
Anders als die Deportationsziele im Osten, wie Auschwitz, war Theresienstadt im deutsch besetzten Tschechien den Opfern bekannt. In das dortige Ghetto im „Protektorat Böhmen und Mähren" transportierten die Nationalsozialisten ab dem Sommer 1942 ältere deutsche Juden und solche mit besonderen Auszeichnungen, etwa Orden aus dem Ersten Weltkrieg. Den Verfolgten wurde vorgegaukelt, es handele sich um eine Art Altersheim und Vorzugslager, in dem sie das „Privileg" genießen würden, nicht „zum Arbeitseinsatz im Osten" herangezogen zu werden. Dazu musste die Mehrzahl der Betroffenen ihr gesamtes Eigentum gegen sogenannte Heimeinkaufsverträge eintauschen, die ihnen ein gut versorgtes Leben in einem Altersheim in Theresienstadt versprachen. In Wahrheit waren die Lebensumstände in der ehemaligen Kasernenstadt grauenvoll: zu wenige Lebensmittel, kaum medizinische Versorgung, unhaltbare hygienische Verhältnisse und extrem beengter Wohnraum. Viele der Deportierten starben schon nach wenigen Tagen. Regelmäßig fuhren von Theresienstadt aus Züge mit den noch Lebenden in die Vernichtungslager im Osten, wo die Menschen ermordet wurden.[73]

Als Berliner Sammellager für Transporte nach Theresienstadt fungierte ab August 1942 das Altersheim in der Großen Hamburger Straße, dessen Bewohner zuvor deportiert worden waren. Von den etwa 15.000 für den Transport nach Theresienstadt bestimmten Juden lebten rund 2.300 in Altersheimen. In rascher Folge mussten die Menschen nun ihre Heime verlassen, kamen für wenige Tage in das Lager Große Hamburger Straße und von dort aus mit dem Zug nach Theresienstadt. Weil in der Großen Hamburger Straße die Kapazitäten für die Unterbringung so vieler Menschen nicht ausreichten, mussten weitere Altersheime darunter in Köpenick und in der Brunnenstraße kurzfristig zu Sammellagern umgewandelt werden, wie von Alperowitz auf Seite 28 ihres Textes erwähnt.[74]

Erste Transporte nach Theresienstadt begannen im Juni 1942 und starteten in normalen Personenwaggons vom Berliner Anhalter Bahnhof aus. Der erste große Transport fuhr am 17. August 1942 vom Güterbahnhof Moabit ab. Die 997 verschleppten Menschen kamen aus verschiedenen Altersheimen, darunter 53 aus dem von Alperowitz erwähnten Minna-Schwarz-Heim in der Brunnenstraße. Zuletzt, ab 1943, deportierte die SS auch noch die Kranken und Siechen aus dem Jüdischen Krankenhaus in der Iranischen Straße.[75]

ZU SEITE 65
„Sochnuth" lautet die hebräische Bezeichnung der „Jewish Agency for Palestine", der Vertretung der jüdischen Bevölkerungsgruppe gegenüber den britischen Mandatsbehörden in Palästina.

Blanka Alperowitz' Leben und ihre Rettung nach Erez Israel. Eine biographische Rekonstruktion

„Wie groß mein Dank ist, kann ich mit Worten nicht wiedergeben", schreibt Blanka Alperowitz am Ende ihres Berichts über ihre Rettung durch die Ausreise nach Erez Israel. Noch lange nach ihrer Einwanderung in Israel war sie der Überzeugung, gegen zwei deutsche Kriegsgefangene ausgetauscht worden zu sein.[76] Tatsächlich wurden bei diesem diplomatischen Geschäft mitten im Zweiten Weltkrieg, vorbereitet durch jahrelange Verhandlungen zwischen dem Deutschen Reich, Großbritannien und der Schweiz als Vermittler, 137 im Nazi-Machtbereich festgehaltene Zivilisten gegen 301 deutsche Zivilisten eingetauscht.[77] Dass Blanka Alperowitz unter den Geretteten war, verdankte sie dabei vor allem ihrem Ehemann Jacob und der Jewish Agency, der Vertretung der Juden im damaligen britischen Mandatsgebiet Palästina.

Diese Austauschaktion blieb wie zwei weitere in den Jahren 1941 und 1944 eine Fußnote des Zweiten Weltkrieges und der Shoah. Zwar konnten dadurch insgesamt mehrere hundert Juden, von den Nazis zynisch als Handelsobjekte genutzt, gerettet werden. Sie läuteten bei den Alliierten aber keinen grundsätzlichen Wandel in ihrer Politik ein, in der das Schicksal der Juden gegenüber den militärischen Kriegszielen nur eine höchst untergeordnete Rolle spielte. Auch ging es bei den Austauschen weniger um das religiöse Bekenntnis oder die Gefährdung der zu Rettenden, von entscheidender Bedeutung war vielmehr, ob die Betroffenen die Staatsbürgerschaft des britischen Mandatsgebiets Palästina besaßen oder zumindest entsprechende Angehörige in Erez Israel hatten.

Die umgekehrt ausgetauschten deutschen Staatsbürger gehörten der evangelisch-pietistischen Sekte der Templer an. Mitte des 19. Jahrhunderts waren die ersten Templer aus

Württemberg nach Palästina eingewandert, das damals ein Teil des Osmanischen Reichs war. Sie gründeten bäuerliche Siedlungen, hielten ihre Gottesdienste ab und wussten sich nahe an Jerusalem, der Stadt, wo ihrem Glauben nach einmal der Heiland wieder einkehren würde. Und sie behielten ihre deutsche Staatsangehörigkeit.[78]

Die NSDAP war nicht nur im Deutschen Reich aktiv, sie propagierte ihre völkische Politik auch gegenüber den „Auslandsdeutschen". So entstand in den 1930er Jahren auch eine „NSDAP-Landesgruppe Palästina", die unter den etwa 2.000 dort lebenden Templern große Zustimmung verzeichnete.[79] Rund ein Drittel der Erwachsenen trat der Nazi-Partei bei. In den deutschen Dörfern bei Haifa, Tel Aviv oder Jerusalem beging man „Führers Geburtstag", es versammelte sich regelmäßig die Hitlerjugend und über den Dächern der Häuser wehte die Hakenkreuzfahne. 232 Wehrpflichtige folgten kurz vor Kriegsbeginn dem Geheimbefehl „Der Chauffeur ist vorgefahren", bestiegen in Haifa ein Schiff nach Deutschland und wurden dort in die Wehrmacht eingegliedert. Mit Kriegsbeginn wurden die im Mandatsgebiet Palästina Verbliebenen von den Briten als „feindliche Ausländer" hinter Stacheldraht interniert. Ende Juli 1941 kamen 665 von ihnen zwangsweise nach Australien – man benötigte Wohnraum für die im Mandatsgebiet eintreffenden alliierten Truppen und wollte die als „fünfte Kolonne" der Nazis verdächtigen Templer loswerden.

In Deutschland aber machten diejenigen Templer, die als Soldaten im Krieg kämpften, Druck bei den Behörden: Sie baten darum, dass ihre Familienangehörigen in die Heimat transferiert würden. Bei den Nationalsozialisten stießen sie dabei auf offene Ohren: Diese „wertvolle Gruppe der Auslandsdeutschen" könne nicht im Orient verbleiben, hieß es 1941 in einem Schreiben des Büros von Heinrich Himmler, Reichsführer SS und Reichskommissar für die Festigung deutschen Volkstums.[80] Bald darauf wurden Pläne entwickelt, die Templer nach Kriegsende auf der seinerzeit von der Wehrmacht eroberten Krim anzusiedeln.

Schon 1940 hatten auf Initiative der deutschen Seite Verhandlungen zwischen dem Auswärtigen Amt in Berlin und dem Foreign Office in London um eine „Heimführung" der Templer begonnen.[81] Das Angebot der Deutschen: Im Gegenzug sei man dazu bereit, neben britischen Zivilisten auch Juden im deutschen Machtbereich mit palästinensischer Mandatszugehörigkeit zu entlassen. Das betraf etwa Menschen aus Haifa, Tel Aviv oder Jerusalem, die 1939 beim Einmarsch der Wehrmacht in Polen bei Verwandten zu Besuch gewesen waren, nun dort festsaßen und all den Diskriminierungen, Schikanen und Mordaktionen der Nazis ebenso unterlagen wie alle anderen Juden.

Trotz anfänglicher Skepsis im Foreign Office kamen die Verhandlungen in Gang. Anfang Dezember 1941 gelang ein erster Austausch. 46 Juden mit britisch-palästinensischen Papieren verließen den deutschen Machtbereich in Richtung Erez Israel. Die britischen Behörden im Mandatsgebiet gingen im Vorfeld äußerst restriktiv vor und verweigerten etwa der deutschen Jüdin Eva Okminansky-Böhm, deren Mann in Erez Israel lebte, die Einreise ihres sechsjährigen Sohnes Michael, weil dieser deutscher Staatsbürger sei.[82] Auch Chawa Simche, mit ihren drei Geschwistern in Wien lebend, erhielt keine Genehmigung, weil sie nicht als Jude mit palästinensischer Mandatszugehörigkeit eingestuft wurde.[83] Im Gegenzug erreichten 67 Templer das Deutsche Reich. Bald darauf begannen neue Verhandlungen zwischen Berlin und London. Ziel des Auswärtigen Amts war es, eine weitere, größere Gruppe Templer „heim ins Reich" zu holen.

Blanka Alperowitz' Ehemann Jacob lebte zu dieser Zeit in dem Dorf Kfar Haim in der Nähe von Netanya an der Mittelmeerküste. Ihm, dem Religionslehrer und Kantor aus dem Badischen, war im August 1939 die Emigration aus Deutschland gelungen. Er war Staatsbürger des britischen

Mandatsgebiets Palästina geworden. Doch seine Frau durfte oder wollte zunächst aus Gründen, die im Dunkeln bleiben, nicht mitreisen. Nun bemühte sich Jacob Alperowitz darum, seine Blanka nachzuholen. Die Einwanderung nach Erez Israel war nur mit den von den britischen Mandatsbehörden ausgestellten Zertifikaten erlaubt, deren Zahl streng begrenzt war. Die Jewish Agency als Vertretung der jüdischen Bevölkerung im Land verwaltete einen Teil dieser Zertifikate. Zudem waren direkte Reisen zwischen den Feindstaaten Deutschland und dem britischen Mandatsgebiet Palästina seit Kriegsbeginn so gut wie unmöglich, erst recht für Juden. Schließlich war den deutschen Juden die Auswanderung seit Herbst 1941 verboten. Fast zeitgleich starteten dort die Deportationen in die besetzten Gebiete im Osten.

Aber Jacob Alperowitz gab nicht auf. Er schaltete Professor Heinrich Loewe ein, einen bekannten deutschen Zionisten und Bibliothekar, der seit 1933 in Tel Aviv lebte.[84] Noch zu Lebzeiten war Loewe mit Blanka Aperowitz' Vater Albert Katz bekannt gewesen.[85] Nun schrieb Loewe Anfang 1940 an die Jewish Agency: „Sie [Blanka Alperowitz] ist die Tochter von Herrn Albert Katz, einem Zionisten, der seine Tochter im nationalen Geiste erzogen hat. Ihr aber fehlt die Staatsbürgerschaft. Sie befindet sich in Berlin und es besteht die Gefahr, dass man sie in ein Lager bringt. Hiermit erlaube ich mir nun von Euer Ehren die Möglichkeit zu erbitten, ihr ein Zertifikat auszustellen."[86]

Loewe wurde danach zu einem Gespräch in die Einwanderungsabteilung der Jewish Agency in Jerusalem gebeten und die Agency legte eine Akte über Alperowitz an. Im Folgejahr ging die Korrespondenz mit Jacob Alperowitz weiter. Mitte 1942 befand sich Blanka Alperowitz' Name auf einer Liste von Personen, die die Jewish Agency an ihr Büro in Istanbul geschickt hatte, um deren Einwanderung voranzutreiben – Istanbul, in der neutralen Türkei gelegen, fungierte als diplomatische Drehscheibe bei Gesprächen zwischen den Alliierten und den Deutschen.[87] Im selben Jahr schrieb Jacob Alperowitz zweimal an die Jewish Agency und erneuerte seine Bitte um die Einreise seiner Frau. Möglicherweise hatte er vom erfolgreichen Austausch von 1941 zwischen Deutschen und Briten gehört oder gelesen und schöpfte so neue Hoffnung.

Unterdessen liefen die Verhandlungen zwischen Berlin und London auf Hochtouren. Das Auswärtige Amt ließ im besetzten Polen, dem „Generalgouvernement", in Frankreich, Belgien und den Niederlanden durch die SS nach Juden fahnden, die den vereinbarten Kriterien für den geplanten Austausch entsprachen. Diese mussten Zivilisten und Staatsbürger des britischen Mandatsgebiets sein und durften nicht in der Lage sein, Waffen zu tragen, womit die Rettung von jüngeren Männern ausgeschlossen war. Über die Schweizer Gesandtschaft in Berlin als neutralem Vermittler erreichten immer neue Listen das Foreign Office in London. Dort wurden die Kandidaten überprüft – und im Zweifelsfall abgelehnt. Allerdings handhabte man die Einwanderungsbedingungen nun doch etwas liberaler als noch 1941 – so erhielt das Kind Michael Böhm endlich die Erlaubnis zum Austausch. Zudem ließ die britische Regierung Namen von Juden nach Berlin übermitteln, die ihrerseits dem Austausch angeschlossen werden sollten. In Berlin wiederum wurden alle potenziellen Reisenden von der SS überprüft, ob etwas gegen ihren Austausch sprach. Offenbar wollte man vermeiden, dass Personen, die die „Räumung" von Ghettos und den Transport von Juden in die Vernichtungslager miterlebt hatten, gegenüber den Alliierten von dem Geschehen berichten konnten. Die meisten der Austauschkandidaten kamen dennoch aus dem besetzten Polen, wo der Massenmord längst begonnen hatte.

Der Name von Blanka Alperowitz erschien zunächst auf keiner der deutschen oder britischen Listen. Im September

1942 waren die Vorbereitungen für den für den Folgemonat geplanten Austausch fast abgeschlossen. Beide Seiten verfügten über Personenverzeichnisse für die Ausreise. Nun ging es um praktische Fragen wie den Transport, das Gewicht des erlaubten Gepäcks, Devisenmitnahmen und Grenzformalitäten. Ein Zug der Reichsbahn sollte die Menschen von Wien aus dem deutschen Machtbereich bis nach Istanbul bringen, im Gegenzug war geplant, die Templer per Bahn über Syrien in die türkische Metropole zu transportieren. Dort sollte der Austausch selbst stattfinden und die Züge anschließend mit ihren neuen Passagieren wieder zurückfahren. Doch die Angelegenheit drohte sich angesichts der vielen noch zu klärenden Details zu verzögern.

Am 14. Oktober 1942 übermittelte Dr. Johann Gottlieb Ivo Theiss vom Auswärtigen Amt in Berlin eine neue Liste von Personen, deren Teilnahme am Austausch von Großbritannien erwünscht wurde, mit der „Bitte um sicherheitspolizeiliche Überprüfung" an das Reichssicherheitshauptamt. Es handelte sich um drei Südafrikanerinnen und drei Jüdinnen. Unter letzteren befand sich: „Alparowitz [sic!], Blanca, Berlin-Pankow, Dusekestr. 8".[88] Der Wunsch von Jacob Alperowitz hatte es dank der Hilfe der Jewish Agency und britischer Unterstützung in die deutschen Amtsstuben geschafft.

Zu diesem Zeitpunkt lebte Blanka Alperowitz nicht mehr in der Dusekestraße. Die Dienststelle des Generalbauinspekteurs hatte ihre sowie die Wohnungen zweier weiterer jüdischer Mietparteien zum Juni 1942 beschlagnahmt.[89] Jegliche Art von Mieterschutz bestand für Juden schon lange nicht mehr. Die Hausverwaltung Max Sahnau bemühte sich wenig später beim Oberfinanzpräsidenten Berlin um die Eintreibung der entgangenen Miete in Höhe von 69,58 Reichsmark für den Monat August, in der die Wohnung leer gestanden habe und schrieb, Alperowitz sei „ab 1. August 42 evakuiert" worden – das Wort „evakuiert" steht für die Deportation in die Vernichtung, und der Oberfinanzpräsident war die zuständige Stelle in der NS-Bürokratie bei der Beschlagnahmung jüdischen Vermögens wie für die Erstattung etwaiger Schulden. Doch in diesem Fall schrieb der Oberfinanzpräsident noch im Februar 1943, man könne Alperowitz' Namen „in meiner Kartei der ausgewanderten Juden" nicht finden und bitte um weitere Informationen.[90]

Tatsächlich verbrachte Frau Alperowitz ihre letzten Berliner Monate legal in der Görschstraße 41 in Berlin-Pankow.[91] Den Berliner Polizeibehörden jedenfalls gelang es, sie unter dieser Adresse ausfindig zu machen – so erhielt ihre Wirtin am 25. Oktober 1942 Besuch von einem Beamten, der ihre Mieterin für den nächsten Morgen zum Erscheinen im „Fremdenamt" in der Burgstraße aufforderte.

Informationen über die Sicherheitsüberprüfung von Blanka Alperowitz durch die SS sind nicht überliefert, doch es bestanden offenbar keine Einwände. Denn schon am 24. Oktober 1942 hatte der Polizeipräsident Berlin einen Sammelpass für alle „Teilnehmer des palästinensischen Austauschtransportes" ausgestellt. Fast ganz am Ende des siebenseitigen Dokuments findet sich ihr Name, ein Zeichen dafür, dass sie erst in letzter Minute der Reisegesellschaft angeschlossen worden ist, denn die Liste ist ansonsten größtenteils alphabetisch geordnet.[92]

Doch in diesem Sammelpass sind immer wieder ganze Familien durchgestrichen. Rund ein Drittel der vorgesehenen Reisenden wurde so gelöscht, fast alle von ihnen stammten aus dem besetzten Polen. Es waren Juden, die das Büro des Reichsführers SS, Heinrich Himmler, schon Monate zuvor dem Auswärtigen Amt als Kandidaten für den Austausch übermittelt hatte. Jetzt aber seien diese nicht mehr auffindbar, schrieb die SS dem Auswärtigen Amt. Die Wahrheit war, dass diese Menschen von den Nazis ermordet worden waren, denn bei den Transporten in die Vernichtungslager hatte man keinen Unterschied zwischen Juden mit polnischen oder britisch-palästinensischen Papieren gemacht.

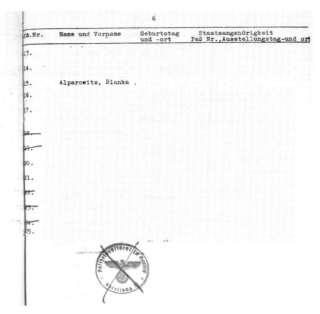

Die Rettung: Blatt 7 des „Sammelpass der Teilnehmer des palästinensischen Austauschtransports" mit dem Namen von Alperowitz, ausgestellt am 24. Oktober 1942 durch den Berliner Polizeipräsidenten. PAAA 41530

Chawa Simche mit ihren drei Geschwistern, deren Einreise nach Erez Israel die Briten nun doch zugestimmt hatten, ist in dem Sammelpass schon gar nicht mehr verzeichnet: Sie waren schon am 14. Februar 1942 von Wien ins Ghetto Izbica im besetzten Gebiet Polens deportiert worden und wurden bald darauf von den Nazis getötet.

Doch natürlich wollte das Auswärtige Amt den vermittelnden Schweizern und den Briten gegenüber die Morde nicht zugeben und behauptete deshalb, ein Teil der Fehlenden sei nicht auffindbar, ein anderer Teil aber habe eine Teilnahme an dem Austausch abgelehnt. Trotz dieser Lüge hatte die deutsche Seite ein Problem, denn ursprünglich hatte sie erklärt, dem Austausch 193 Personen anzuschließen. Zuletzt, kurz vor Beginn der Reisen zum Sammelpunkt Wien, wurde diese Zahl schon auf 168 heruntergekorrigiert. Nun aber wären tatsächlich nur gut 100 Personen von deutscher Seite gestellt worden – ein deutliches Missverhältnis gegenüber den etwa 300 deutschen Templern, die die Briten freilassen wollten. Deshalb wurden auf Drängen der Schweizer Gesandtschaft kurz vor der Abreise eine Reihe britischer Zivilinternierter aus dem Lager Schloss Liebenau am Bodensee dem Austausch angeschlossen. So kam schließlich die Zahl von 137 Menschen zustande. Etwa 70 von ihnen waren Juden.[93]

Blanka Alperowitz bestieg am Abend des 27. Oktober 1942 im Berliner Bahnhof Zoologischer Garten vermutlich den Schnellzug Nummer 73, der sie über Breslau und Oppeln nach Wien brachte. Sie musste fast alle ihre Habseligkeiten zurücklassen, denn für die Fahrt war nur Gepäck von maximal 40 Kilogramm erlaubt.[94] Wie alle Austauschkandidaten führte sie eine Bescheinigung der Geheimen Staatspolizei mit sich, nach der die Behörden gebeten wurden, „der Inhaberin auf ihrer Reise nach Wien keinerlei Schwierigkeiten zu bereiten".[95] Reisen mit der Eisenbahn war Juden ansonsten strengstens verboten. Wien war auf deutscher Seite zum Sammelpunkt der Reisenden bestimmt worden, wo sie bis zur Abfahrt des Zuges nach Istanbul in einem leer stehenden Obdachlosenheim untergebracht wurden. Solange durften sie sich dort frei bewegen, und auch den „Judenstern" mussten sie nicht länger tragen. „Das Tragen des Judensterns wird sich nicht empfehlen, um unnötiges Aufsehen zu vermeiden", hatte das Wiener Ausländeramt entschieden.[96]

Jacob Alperowitz wartete in Kfar Haim auf seine Frau. Schon im Sommer hatte er sich bei der Jewish Agency erkundigt, ob Blanka einem Austausch angeschlossen werde. Die Antwort lautete, dass man das noch nicht wisse. Im

Oktober fragte er erneut nach. Mit Datum vom 11. November 1942 schließlich schrieb die Behörde, dass die Gruppe in der nächsten Woche nach Erez Israel kommen solle. Man riet ihm, am nächsten Montag in der Filiale der Agency in Haifa telefonisch nachzufragen.[97]

Der Sonderzug mit den Geretteten verließ am Abend des 8. November den Wiener Südbahnhof. Er fuhr durch Ungarn, Kroatien, Serbien und Bulgarien in die neutrale Türkei. Am 11. November erreichte der Express den Bahnhof Istanbul-Sirkeci auf der europäischen Seite der Metropole, fast zeitgleich stoppte der Zug mit 301 Templern an Bord in Istanbul Haydarpascha auf der asiatischen Seite. Der Austausch vollzog sich, ohne dass die Reisenden davon etwas mitbekamen. Ein Boot mit 137 Menschen aus Wien überquerte den Bosporus in Richtung Osten, ein anderes mit den deutschen Templern nach Westen. In Haydarpascha stellten Emissäre der Jewish Agency die Namen der Ausgetauschten fest.[98]

Am Montag, dem 16. November 1942 erreichte der Zug gegen neun Uhr morgens seine Endstation Afula im Norden des Mandatsgebiets. Britische Polizei hatte den Bahnhof abgesperrt. Nur wenige Verwandte waren nach Afula gekommen, um ihre Liebsten zu begrüßen.[99] Ob Jacob Alperowitz hier seine Blanka wiedersah, wissen wir nicht.

Rund zehn Tage mussten die Geretteten noch im Gefangenenlager Atlit südlich von Haifa an der Mittelmeerküste bis zu ihrer Freilassung verbringen. Sie wurden vom britischen Geheimdienst verhört. Angst vor Spionen ging um. Auch Chaim Barlas, Vertreter der Jewish Agency in Istanbul, stellte Fragen an sie. Was er von den Ausgetauschten erfuhr, waren furchtbare Berichte: „Über die Blutbäder in den Städten und Kleinstädten berichteten sämtliche Anwesende in der Baracke. Es ist schwer, alle Einzelheiten des Gemetzels und der Zerstörung zu beschreiben", schrieb Barlas über die Informationen der aus dem besetzten Polen kommenden

Juden. Er notierte die Zahl der letzten Überlebenden in den Ghettos. Über Berlin schrieb Barlas: „28.000 verbliebene Juden. Seit Oktober des Vorjahres haben die Deportationen nicht aufgehört, täglich werden ‚Transporte' geschickt, alte Menschen über 65 nach Theresienstadt, junge Menschen nach Riga, Warschau, Lodz u. a. Es ist nicht bekannt, ob sie dort ankommen, wohin sie deportiert werden."[100] Ein Teil dieser – für Berlin nicht ganz korrekten – Angaben muss von Blanka Alperowitz stammen, denn sie war die einzige deutsche Jüdin, die aus der Reichshauptstadt dem Austauschtransport angeschlossen worden war.

So wurden die Ausgetauschten um Blanka Alperowitz zu einer wichtigen zeitgenössischen Quelle über das Ausmaß der Shoah, lange bevor es diesen Begriff gegeben hat.

Blanka Alperowitz aber verdankte ihre Rettung wohl auch ihrem prominenten Vater, dem Schriftsteller Albert Katz.

Blanka Katz wurde am 26. August 1883 in Fürstenwalde an der Spree geboren.[101] Der Vater Albert inserierte die Geburt stolz im *Fürstenwalder Wochenblatt*: „Die glückliche Entbindung meiner lieben Frau von einem Töchterchen erlaube ich mir hierdurch allen unseren Bekannten anzuzeigen", heißt es im Text seiner Kleinanzeige.[102] Es war das zweite Kind von Berta Katz, geborene Braunstein, und Albert; Blankas Schwester Else erblickte am 10. Mai 1882 in Berlin das Licht der Welt.[103] Die Familie bewohnte ein Haus in der Neuendorferstraße 6 im Zentrum der Kleinstadt. Im Jahr der Geburt von Blanka hatte Albert Katz eine Stelle als Prediger und Religionslehrer für die dort ansässigen Juden angenommen.

Schon Mitte des 18. Jahrhunderts lebten Juden in Fürstenwalde, doch ihre Zahl blieb zunächst gering: 1802 waren es sechs Familien, die in drei Wohnhäusern lebten, 1812 elf Familien mit zusammen 36 Menschen. 1910 wohnten in Fürstenwalde etwa 100 Menschen jüdischen Glaubens. Die Gemeinde besaß zu Katz' Zeiten keine Autonomie und es gab auch keinen Rabbiner. Gottesdienste fanden in einem gemieteten Lokal statt. Wohl aber verfügte man schon seit einiger Zeit über eine Religionsschule für die Kinder, die ansonsten am allgemeinen Schulunterricht teilnahmen. In einer Veröffentlichung aus dem Jahr 1837 heißt es, die jüdischen Kinder würden „theils von ihren Eltern, theils von einem jüdischen Lehrer unterrichtet, den die Gemeinde von Zeit zu Zeit anzunehmen pflegte. Dieser Lehrer erhielt für seinen Unterricht Wohnung, Holz und Wäsche frei, wurde wochenweise von den einzelnen Gemeindemitgliedern mit dem nöthigen Unterhalt versehen, und hatte sich außerdem eines sehr mäßigen Gehaltes an Gelde zu erfreuen. Im Jahre 1835 waren drei schulpflichtige Kinder vorhanden."[104] Auch wenn die Gemeinde bis zu Blanka Katz' Geburt 1883 gewachsen war, so müssen wir doch davon ausgehen, dass der Vater eine nur sehr gering dotierte Stelle als Religionslehrer innehatte. Erst 1886, nach dem Fortzug der Familie Katz, gaben sich die Fürstenwalder Juden ein eigenes Statut und die Gemeinde erhielt die Selbstständigkeit. Im gleichen Jahr eröffnete in der Frankfurter Straße die neu errichtete Synagoge.[105]

Die Mutter Berta wurde 1855 im westpreußischen Konitz, dem heute polnischen Chojnice geboren. In der Kleinstadt bestand eine jüdische Gemeinde, die im Jahr 1843 288 Mitglieder zählte. Traurige Bekanntheit erlangte der Ort später durch den ungeklärten Mord an einem 18-jährigen Gymnasiasten am 8. März 1900. Christliche Stadtbewohner beschuldigten anschließend die Juden eines Ritualmords. Nach dieser weit verbreiteten Legende aus dem Mittelalter würden Juden vor dem Pessachfest Christenkinder schlachten, um mit ihrem Blut Mazzen (ungesäuertes Brot) zu backen. Von dieser Beschuldigung überzeugt, wütete wochenlang ein antisemitischer Mob in der Stadt. Konitzer Christen demolierten bei Demonstrationen die Synagoge, griffen Gottesdienstbesucher an und warfen die Fenster jüdisch bewohnter Häuser ein. Erst durch die Entsendung preußischer

Soldaten konnten die Unruhen eingedämmt werden. Die meisten Konitzer Juden verließen bald danach die Stadt.[106]

Über das Leben von Berta Katz wissen wir fast nichts. Der Vater war aber zur Zeit von Blankas Geburt schon kein ganz unbekannter Mann mehr. Albert Katz wurde 1858 geboren. Nach Angaben seiner Tochter Blanka war sein Geburtsort das russische Odessa, während seine Biographen wie auch sein Grabstein auf das polnische Łódź verweisen.[107] Väter- wie mütterlicherseits entstammte er berühmten Talmudgelehrten; auf Seiten der Mutter des chassidischen Rabbiners Schneur Salman aus Ljady in Weißrussland. Sein Vater war der Kaufmann und jüdische Gelehrte Eliahu Hakohen. Laut Blanka Katz zog die Familie bald nach der Geburt von Albert Katz nach Łódź um. Sein Vater verstarb dort, als der Sohn zwölf Jahre alt war. Der Junge besuchte Jeschiwoth, also jüdisch-religiöse Schulen, in den damals jüdischen Zentren Lublin und Wilna und wandte sich schon als 17-Jähriger dem Schreiben zu.

Im Jahre 1881 zog der 23-jährige Albert Katz von Polen nach Berlin, vor Beginn der großen Einwanderungswelle von Juden aus Osteuropa in das Deutsche Reich. Dort studierte er an der 1872 gegründeten Hochschule für die Wissenschaft des Judentums.[108] Vermutlich erwarb er in Berlin auch seine Promotion zum Doktor der Philosophie.

Albert Katz wurde in den folgenden Jahren zu einem bekannten jüdischen Schriftsteller, der vor allem religiöse Themen behandelte und dem Leser besonders ostjüdische Traditionen näher brachte. Zugleich engagierte er sich bei religiösen Vereinen, so noch zu seiner Fürstenwalder Zeit beim Berliner Religionsverein „Israelitische Gemeinde Oranienburger Vorstadt". 1883, im Jahr von Blankas Geburt, erschien sein erstes Buch auf Hebräisch und Deutsch, „Der Jude und das Land seiner Vorväter". Zudem arbeitete er bei Hirsch Hildesheimers *Jüdischer Presse* mit.

Im Dezember 1885 brachte Katz in Fürstenwalde sein

Werk „Die Seele des jüdischen Volkes" heraus, in dem seine politischen und religiösen Überzeugungen deutlich werden, die gewiss später auch die Tochter Blanka beeinflusst haben. Der „Religionslehrer in Fürstenwalde a.d. Spree", wie es auf dem Titel heißt, präsentierte sich als aufgeklärter Jude, der jedoch deutlich gegen die damalige Tendenz der Anpassung an die christliche Umgebung Stellung nahm und im Gegenteil eine Rückbesinnung auf die jüdische Identität verlangte. Zugleich lernen wir Katz als einen Zionisten kennen, zwölf Jahre bevor Theodor Herzl in Wien den politischen Zionismus als Organisation begründete. Offenbar inspiriert von der 1882 veröffentlichten Schrift Leon Pinskers „Autoemanzipation", in der der russische Jude eine Rückkehr seiner Glaubensgenossen nach Erez Israel postulierte, schrieb Katz geradezu prophetisch – aber, wie wir heute wissen, die Entwicklung des Antisemitismus verkennend:

„Nur durch eine Kolonisation dieses Landes [Erez Israel] mittels kräftiger Hände von Seiten unserer sich dazu bereitwillig hingebenden Brüder, könnte möglicherweise die sogenannte Judenfrage gelöst werden; die noch aus pharaonischer Zeit herrührenden Vorwürfe, welche wir fast täglich von unsern christlichen Brüdern zu hören und ins Gesicht geschleudert bekommen, werden vielleicht in der Luft verhallen; […] und dem jüdischen Volke könnte demnach nicht nur von vielen Uebeln geholfen sein, sondern es wäre die Möglichkeit, es wie ein Reis wieder aufgeblüht zu sehen."[109]

Dazu passt, dass Albert Katz im folgenden Jahr zusammen mit Willy Bambus, Isaak Turoff und Ferdinand Wolff die Monatszeitschrift *Serubabel* gründete, in der die jüdische Kolonisation des damals unter osmanischer Verwaltung stehenden Palästina propagiert wurde.[110] Das Projekt erlitt allerdings schon ein Jahr später aus Geldmangel Schiffbruch. Zionistische Vorstellungen blieben unter den deutschen Juden, die mehrheitlich für die Integration in ihre Heimat eintraten, unpopulär.

Im Jahr 1887 zog die Familie Katz nach Pankow um, damals noch eine selbstständige Landgemeinde nördlich von Berlin. Das Berliner Adressbuch verzeichnet den „Schriftsteller, Dr. phil." zunächst in der dortigen Berliner Straße 120. Ab 1897 war er über mehr als zwei Jahrzehnte in der Florastraße 58 gemeldet, wo die Familie eine Vierzimmerwohnung bezog. Katz wandte sich nun ganz der Schriftstellerei zu, in rascher Folge erschienen Bücher und Broschüren von ihm. Zudem engagierte er sich ab 1892 an führender Stelle im „Verein für jüdische Geschichte und Literatur" und im Dachverband „Verband der Vereine für jüdische Geschichte und Literatur", dessen Sekretär er bis zu seinem Tod blieb. Beide Organisationen kämpften gegen antisemitische Vorurteile und wollten den Juden ihre religiösen Traditionen näher bringen.[111] Von 1901 bis 1922 fungierte Katz als Herausgeber des Verband-Jahrbuchs. Ab 1890 arbeitete er weiterhin als Redakteur bei der *Allgemeinen Zeitung des Judentums*, einem renommierten Wochenblatt, wo er mit seiner zionistischen Einstellung bisweilen auf Widerspruch in der eher konservativ eingestellten Leserschaft stieß. Spätestens ab 1898 betrieb der umtriebige Schriftsteller auch noch den „Verlag Albert Katz" mit einer Sortimentsbuchhandlung in der Berliner Rosenstraße 17. Und als ob das nicht schon genug wäre, engagierte sich der Mann bei der Gründung der ersten jüdischen Gemeinde von Pankow, wo er am 4. Oktober 1895 in der Mühlenstraße 1 beim ersten Gottesdienst der „Religions-Genossenschaft Agudath Achim" predigte.[112] In Pankow lebten zu dieser Zeit nur wenige Juden, 1910 waren es etwa 1.100 unter insgesamt mehr als 76.000 Einwohnern.[113]

Blanka Katz ließ sich von den politischen und religiösen Vorstellungen des Vaters offenbar stark beeinflussen. Sie entwickelte sich zu einen Vater-Kind. Noch zu Beginn der 1950er Jahre bemühte sie sich sehr um das Andenken des 1923 Verstorbenen. In einem Lebenslauf ging sie damals ausführlich auf ihren Vater ein, während sie die Mutter Berta nicht einmal mit der Erwähnung ihres Namens bedachte.[114]

Über die schulische Ausbildung der Töchter Else und Blanka ist nur wenig bekannt. Vermutlich ging Blanka so wie ihre Schwester Else auf das Kaiserin-Augusta-Gymnasium in Berlin-Charlottenburg, wo die ältere Schwester 1904 ihr Abitur ablegte.

Zu Beginn des 20. Jahrhunderts stand das Studium in der Regel nur Männern offen, erst allmählich wurden Frauen zugelassen. Höchster möglicher Abschluss war lange Zeit der Besuch eines Lehrerinnenseminars. Es spricht für die Aufgeklärtheit und das Bildungsstreben der Familie Katz, dass beide Töchter dennoch ein Studium aufnahmen. Else studierte von 1904 bis 1909 Medizin an den Universitäten in Berlin, München und Freiburg, promovierte dort 1909 und wurde anschließend zunächst Assistenzärztin am Rudolf-Virchow-Krankenhaus in Berlin.[115] Ihre jüngere Schwester Blanka bestand im Jahr 1904 das Examen für höhere Lehranstalten am Privaten Lehrerinnenseminar von Ernst Ulrich in der Berliner Schönhauser Allee 177.[116] Ob sie sofort anschließend als Lehrerin tätig wurde, ist nicht bekannt. Während jedoch Else im Jahr 1911 den 1878 geborenen Berliner Arzt Dr. Abraham Wagner heiratete und sich 1917 als Hautärztin in Berlin selbstständig machte, blieb Blanka unverheiratet und wohnte weiterhin bei ihren Eltern.[117]

In Pankow, erst 1920 in die Stadt Berlin eingemeindet, wurde seit 1898 jüdischer Religionsunterricht in den Räumen der Gemeindeschule in der Schulstraße erteilt.[118] Allerdings ist es nicht sicher, ob es sich dabei um einen verpflichtenden Unterricht handelte, wie ihn Preußen für alle Kinder gleich welcher Konfession festgelegt hatte, oder ob es um eine zusätzliche Ausbildung ging, die die Eltern für ihre Sprösslinge ab dem vollendeten sechsten Lebensjahr freiwillig in Anspruch nehmen konnten. Es handelte sich um Einrichtungen der Jüdischen Gemeinde zu Berlin mit festgelegten Lehrplänen und ausgebildeten Erziehern, die insbesondere Hebräisch, jüdische Geschichte und Bibelkunde vermittelten.

Spätestens seit 1906 bestand eine solche Einrichtung in Pankow, untergebracht zunächst in den Räumen des 1891 gegründeten II. Waisenhauses der Jüdischen Gemeinde zu Berlin. Um 1911 zog die Schule infolge des Neubaus des Waisenhauses in die 1. Gemeindeschule in der Neuen Schönholzerstraße um, 1916 war sie in der Görschstraße beheimatet und bald darauf finden wir sie in der Schulstraße wieder, wo die Gemeindeschule zwischenzeitlich in eine Katholische Schule umgewandelt worden war.[119]

Der Unterricht an der Pankower Religionsschule erfolgte immer am Nachmittag, zu einem Zeitpunkt also, als die katholischen Kinder ihre Schule bereits verlassen hatten. Seit 1912 war das Unterrichtsangebot infolge der starken Zunahme der Schülerzahl von zuvor drei auf fünf Klassen erweitert worden, in denen die Fächer Biblische Geschichte, Hebräisch, Vorbereitung zur Bar-Mizwa (Feier zur religiösen Mündigkeit für Jungen im Alter von 13 Jahren) und liturgischer Gesang in insgesamt 13,5 Wochenstunden gelehrt wurden.[120] „Es unterrichteten die Herren Selbiger, Davidsohn, Stern und Braun", heißt es in einer Selbstdarstellung von 1914.[121] Schon damals existierten detaillierte Lehrpläne für alle 17 Religionsschulen der Jüdischen Gemeinde zu Berlin, deren Zahl sich bis 1928 auf 48 vergrößerte.

Die künftigen Lehrer absolvierten eine dreijährige Ausbildung mit abschließender Prüfung. Einer Zusammenstellung aus dem Jahr 1914 lässt sich entnehmen, dass zu dieser Zeit ausschließlich Frauen diese Examina absolvierten. Im gleichen Bericht wird auf einen seit 1910 bestehenden alternativen Bildungsweg verwiesen, bei dem „Lehrern und Lehrerinnen, die einen ausreichenden Ausweis über ihre Befähigung zur Erteilung des jüdischen Religionsunterrichts nicht besitzen, Gelegenheit [gegeben wird], sich durch eine Prüfung den Nachweis dieser Qualifikation zu verschaffen". Unter den bestandenen Prüflingen findet sich dort für dem September 1913 „Frl. Blanka Katz".[122]

Folgt man ihrem für die West-Berliner Entschädigungsbehörde Anfang der 1950er Jahre erstellten Lebenslauf, dann war sie seitdem als jüdische Religionslehrerin tätig. Nachweisen lässt sich ihre Arbeit an der Pankower Religionsschule, die inzwischen als 15. jüdische Religionsschule firmierte, ab Mitte der 1920er Jahre. Der Unterricht erfolgte dort immer an Dienstagen und Freitagen zwischen 15.00 und 18.15 Uhr in den Räumen der katholischen Schule in der Schulstraße.[123]

Blanka Katz lebte zu Beginn der 1920er Jahre weiterhin bei ihren Eltern in der Pankower Florastraße. Der Vater musste zu Beginn der 1920er Jahre eine berufliche Krise erleben. Seine *Allgemeine Zeitung des Judentums*, als dessen Herausgeber er seit 1919 arbeitete, litt unter einer stark schwindenden Auflage. Neue Blätter wie die zionistisch orientierte *Jüdische Rundschau* zogen Leser ab, der Umfang ging zurück. 1921 konnte die Zeitung nur noch 14-tägig erscheinen, und am 28. April 1922 kam die letzte Nummer heraus.[124] Im Abschiedsartikel schrieb Albert Katz:

„Im übrigen glaube ich, indem ich mit der alten Methode des Totschweigens der zionistischen Bewegung und ihrer politischen Erfolge gebrochen und die opferwillige Teilnahme an den Bestrebungen, Erez Israel als Heimstätte wieder aufzubauen, als eine heilige, sozialreligiöse Pflicht eines jeden denkenden Juden bezeichnet habe, im Sinne des größten Teils unserer Leser gehandelt zu haben, von denen jetzt viele Männer von Namen und wahrer liberaler Gesinnung, was ich mit besonderer Genugtuung konstatiere, an der Spitze der Keren Hajessod-Bewegung stehen."[125]

Die Zeitung wurde als *Blätter für Deutschtum und Judentum* im Rahmen der C.V.-Zeitung weiterbetrieben. Nach der

Erinnerung seiner Tochter Blanka hatte man Katz angeboten, das Blatt des Central-Vereins deutscher Staatsbürger jüdischen Glaubens (C. V.) zu übernehmen, worauf dieser jedoch angesichts dessen antizionistischer Position verzichtete.[126]

Am 16. Dezember 1923 starb Albert Katz in seiner Pankower Wohnung. Er wurde 65 Jahre alt. Die Tochter Else Wagner stellte den Totenschein aus. Drei Tage später wurde er in Weißensee auf dem Friedhof der Jüdischen Gemeinde zu Berlin beigesetzt.[127] Der Wissenschaftler Ismar Elbogen schrieb im Nachruf des „Jahrbuchs für Jüdische Geschichte und Literatur", das Katz mehr als zwei Jahrzehnte lang herausgegeben hatte:

„Albert Katz ist gewissermaßen ein Symbol für den Verband geworden, sein Hinscheiden bedeutet den Abschied vom Jahrbuch, mit dem seine Seele verknüpft war. Das Andenken des treuen, selbstlosen, hingebenden Arbeiters bleibt bei den Unzähligen, die aus dem Jahrbuch Anregung, Belehrung und Unterhaltung geschöpft haben und in Zukunft schöpfen werden, dauernd zum Segen!"[128]

Nur ein knappes Jahr später, am 3. September 1924, folgte Blankas Mutter Berta ihrem Ehemann. Sie wurde an der Seite von Albert Katz bestattet.[129] Noch bis 1932 behielt Blanka Katz die Wohnung der Eltern in Florastraße und lebte dort offenbar alleine in den vier Zimmern. Sie arbeitete weiter an der Religionsschule in Berlin-Pankow. Zudem war die erfolgreiche Pädagogin darum bemüht, das Andenken ihres Vaters zu bewahren. So gab sie 1928 in vierter Auflage eine überarbeitete Version von Albert Katz' Buch „Der wahre Talmudjude" heraus. In ihrem Geleitwort bezeichnet sie den Neudruck als „eine Ehrenpflicht gegen meinen Vater".[130] Zwei Jahre zuvor war Blanka Katz' einzige nachweisbare Veröffentlichung vor ihrer Auswanderung im „Unterhaltungsbuch für die jüdische Jugend" erschienen, in dessen Vorgängerband schon der Vater publiziert hatte. Dieser

Anthologie steuerte sie das Gedicht „Kleine Lichtlein" bei, das hier zitiert werden soll:[131]

> Dämmerstunde, Wolkenschleier
> Hüllen noch die Erde ein;
> Wart' ein Weilchen und die Stube
> wird voll sanfter Sterne sein.
>
> Vater zündet Licht und Lichtlein
> der Menorah zärtlich an,
> Und die Kinder schaun befangen
> Wie in einem Zauberbann.
>
> Kleine Lichtlein, große Taten –
> Ob es Kinder auch verstehn?
> Warte – die Dämmerstunde
> Wird einst leuchtend auferstehen.

1932 stieg Blanka Katz zur Leiterin der Religionsschule in der Pankower Schulstraße auf, sie folgte dem Seminaroberlehrer Hermann Falkenberg.[132] Dabei blieb es auch in den folgenden Jahren. Für den Sommer 1933 nennt eine Übersicht als Unterrichtstage Dienstag und Mittwoch.[133]

Nach der Machtübernahme durch die Nationalsozialisten 1933 sahen sich mehr und mehr Juden angesichts zunehmender Diskriminierungen, Schikanen und Berufsverbote zur Emigration gezwungen. Auch Blankas Schwester Else Wagner, inzwischen Fachärztin für Haut- und Geschlechtskrankheiten mit eigener Praxis, die sich 1930 für eine Reform des Abtreibungsparagraphen 218 engagiert hatte, packte ihre Koffer. Ihr Mann Abraham war im Mai 1933 von der AOK Berlin-Tempelhof aus rassistischen Gründen als Vertrauensarzt entlassen worden, seine Rente wurde um 25 Prozent gekürzt, weil er Jude war. Im Februar 1935 wanderte das kinderlose Ehepaar über Triest nach Erez Israel aus und ließ sich in Jerusalem nieder.[134] Es ist nicht bekannt, ob auch Blanka Katz Versuche zur Auswanderung unternahm, angesichts der restriktiven Einreisebestimmungen der Fluchtländer scheiterte und deshalb in Berlin blieb. Nach mehreren Umzügen lebte sie Ende der 1930er Jahre wieder in Pankow in einer Zweizimmerwohnung in der bereits erwähnten Dusekestraße 8.

Das Unterrichtsangebot für jüdische Kinder verschlechterte sich unter dem NS-Regime, immer mehr von ihnen mussten die staatlichen Schulen verlassen und kamen in Schulen der jüdischen Gemeinden unter. Die Nazis entzogen den Religionsschulen die staatliche Unterstützung.

Zeugnis der Pankower Religionsschule für Willi Jacob aus dem Schuljahr 1935/36, unterzeichnet von Blanka Katz, spätere Alperowitz. Privatbesitz Seev Jacob

1937 musste die Berliner Gemeinde die Wochenstunden an den Religionsschulen von 1.119 im Jahr 1936 auf 627 nahezu halbieren.[135] Schon 1936 untersagten die Behörden die Abhaltung des jüdischen Religionsunterrichts an allgemeinbildenden Schulen, weshalb die Pankower Religionsschule dazu gezwungen war, in das Gemeindehaus in der Mühlenstraße und in die Synagoge Nordost in der Prenzlauer Promenade zu wechseln. Der „Wegweiser durch die Jüdische Gemeinde zu Berlin" vom September 1937 nennt Blanka Katz als Leiterin der Religionsschule in der Rykestraße 53 im Stadtbezirk Prenzlauer Berg und vermerkt: „Diejenigen Kinder, welche in allgemeinen Schulen jüdischen Religionsunterricht erhalten, können in den Religionsschulen unter Befreiung von dem übrigen Unterricht allein am hebräischen Unterricht teilnehmen. […] Der Besuch des Unterrichts ist unentgeltlich."[136] Hebräischunterricht, das war nicht länger nur eine religiöse Angelegenheit. Kenntnisse des modernen Hebräisch konnten nun eine Auswanderung nach Erez Israel befördern und das Leben in der neuen Heimat erleichtern. Im gleichen Gebäudekomplex in der Rykestraße war auch eine Jüdische Volksschule und eine der größten Synagogen der Stadt untergebracht.

Seev Jacob erinnert sich an die Religionsschule und Blanka Katz.[137] Er, 1923 unter dem Namen Willi Jacob in Berlin geboren, musste 1933 das Reform-Gymnasium in Niederschönhausen verlassen, weil jüdischen Schülern die Stipendien entzogen wurden und die Eltern den Besuch nicht finanzieren konnten. Er ging zurück zur Volksschule, den Religionsunterricht erhielt er zweimal wöchentlich am Nachmittag in der Pankower Schulstraße. Blanka Katz, so erinnert er sich, sei eine strenge Lehrerin gewesen, bei der es nicht erlaubt gewesen sei, Scherze zu machen. Sie sei sehr klein gewesen. Die meiste Zeit allerdings habe ihn ein Mann unterrichtet. Die Klassen seien damals schon ziemlich klein gewesen. Jacobs Zeugnis vom Winterhalbjahr 1935/56 ist von Blanka Katz als Schul- und Klassenleiterin unterzeichnet.

Willi Jacob durfte 1938 mit der Jugendalijah nach Erez Israel auswandern. Damit konnten junge Jüdinnen und Juden alleine ins Gelobte Land einreisen. Ihre Eltern mussten sie zurücklassen. Jacob lebt heute in einem Kibbuz in Israel. Seine Eltern Leopold und Charlotte Jacob, die keine Möglichkeit zur Emigration finden konnten, gingen 1940 in Berlin in den Freitod.[138]

Immer mehr jüdische Kinder wanderten mit oder ohne ihre Eltern in den 1930er Jahren aus Berlin und Deutschland ins Ausland aus. Entsprechend musste die Zahl der Religionsschulen reduziert werden. 1935 existierten in Berlin noch 40 von einst 48 dieser Schulen, zwei Jahre später waren es noch 29, 1938 schließlich nur noch 16 solcher Einrichtungen. Die Schule mit Sitz in der Rykestraße mit Katz' Name als Leiterin wird zum letzten Mal im Jahr 1937 erwähnt.[139] Blanka Katz könnte aber danach bei einer anderen Religionsschule weiter Arbeit gefunden haben, wenn dies auch nicht nachweisbar ist. Sie selbst schreibt in einem Lebenslauf aus den frühen 1950er Jahren, sie sei 1939 wegen ihrer bevorstehenden Auswanderung nach Erez Israel von der Jüdischen Gemeinde in den einstweiligen Ruhestand versetzt worden.[140] Nach dem generellen Verbot des Besuchs jüdischer Kinder an nichtjüdischen Schulen im November 1938 verloren die Religionsschulen ihre Existenzgrundlage, weil der Unterricht nun ausschließlich in den von den jüdischen Gemeinden betriebenen Schulen mit integriertem Religionsunterricht stattfand.

Blanka Katz war 1939 56 Jahre alt. Sie lebte alleine in ihrer Zweizimmerwohnung in Pankow, wohl umgeben von der Bibliothek des Vaters. Über ihr Privatleben, ihre Freunde und Bekannte wissen wir nichts. Nahe Verwandte besaß sie in Berlin nach dem Tod der Eltern und der Auswanderung der Schwester offenbar nicht mehr. Aber einen Freund hatte sie gewiss: Jacob Alperowitz, wie sie ein Religionslehrer, aber im weit entfernten Badischen nahe der französischen Grenze lebend.

Wie und wann sich Blanka Katz und Jacob Alperowitz kennengelernt haben, ist nicht bekannt. Möglich, dass sie durch ein Heiratsinserat aufeinander stießen – viele Verfolgte bemühten sich damals um einen Ehepartner, möglichst mit Verbindungen ins rettende Ausland. Gewiss ist aber ihre Heirat am 12. Juni 1939 in Berlin. Vor allem junge Juden gingen damals auf den Rat des Palästina-Amts in Berlin eine Ehe ein, ohne dass sie sich näher kannten, weil dadurch zwei Personen mithilfe nur eines der so streng limitierten britisch-palästinensischen Zertifikate die Einwanderung nach Erez Israel möglich war. Im britischen Mandatsgebiet angekommen, ließ man sich wieder scheiden. Im Fall von Blanka und Jacob aber lässt sich eine solche Zweckehe so gut wie ausschließen, schließlich erfolgte später keine Auflösung. Warum hätte der Ehemann auch sonst so große Anstrengungen unternehmen sollen, um seine Gattin in die neue Heimat nachzuholen?

Jacob Alperowitz wurde am 8. Oktober 1883 in Litauen im zaristischen Russland geboren, war also gleichaltrig mit Blanka Katz. Vermutlich um die Jahrhundertwende wanderte er in die Schweiz aus und lernte dort Cäcilie Rom kennen. Beide heirateten im Jahr 1907, sie lebten in oder bei St. Gallen nahe der deutschen Grenze. Das Paar bekam zwischen 1907 und 1915 vier Kinder, das letzte, Oskar, wurde schon im deutschen Müllheim geboren.[141] In der deutschen Gemeinde Kirchen bei Freiburg hatte Jacob Alperowitz im Oktober 1913 eine Stelle als Religionslehrer für die dort lebenden etwa 100 Juden angetreten. 1924 wechselte er als Kantor und Religionslehrer ins nahe gelegene Müllheim. Die dortige kleine jüdische Gemeinde zählte nur rund 110 Mitglieder, Alperowitz arbeitete vor allem in der Realschule. Religionsunterricht erhielten 15 Kinder.

1933 starb Cäcilie („Cilly") Alperowitz. „Das Ableben der erst 53-jährigen Frau hinterlässt eine Lücke in unserer Gemeinde, die kaum auffüllbar ist. Zu einer erhebenden Kundgebung der Liebe und Verehrung gestaltete sich die Bestattung, zu der sich von Nah und Fern zahllose Freunde der Familie einfanden", schrieb die Zeitschrift *Der Israelit* am 23. Februar 1933.[142] Während die erwachsen gewordenen Kinder der Familie in den Folgejahren in die Schweiz und nach Erez Israel auswanderten und dadurch der Shoah entkamen, blieb der Witwer Jacob Alperowitz in Müllheim und verrichtete in der immer kleiner werdenden jüdischen Gemeinde seine Arbeit als Religionslehrer.

Am 11. November 1938 wurde der Staatenlose Jacob Alperowitz wie die Mehrheit der jüdischen Männer aus Müllheim im Konzentrationslager Dachau inhaftiert. Eine NS-Parteiformation hatte zuvor die örtliche Synagoge geplündert und in Brand gesteckt. Insgesamt verbrachten die Nazis unmittelbar nach der Reichspogromnacht am 9./10. November etwa 30.000 jüdische Männer in die KZ, 10.911 von ihnen kamen nach Dachau. Viele wurden später nur unter der Versicherung freigelassen, unter Hinterlassung ihrer Vermögen auf dem schnellsten Weg aus Deutschland zu emigrieren. Die Gefangenen wurden auf Anweisung vom Chef der Sicherheitspolizei (Sipo), Reinhard Heydrich, sukzessive wieder entlassen, die über 50-Jährigen ab dem 12. Dezember 1938. Jacob Alperowitz' Entlassung erfolgte am 16. Dezember.[143] Ob er sich danach direkt nach Berlin begab, ist nicht bekannt.

Mit Sicherheit war die nur rund ein halbes Jahr später erfolgte Heirat von Blanka Katz und Jacob Alperowitz mit der Hoffnung verbunden, möglichst bald gemeinsam nach Erez Israel auswandern zu können. Warum dies Jacob erlaubt, Blanka aber verweigert wurde, bleibt im Dunkeln. Sie selbst nennt in ihrem Bericht über Berlin Gründe, „die ich hier nicht näher anführen kann".

So konnte Jacob Alperowitz kurz vor Kriegsbeginn am 2. August 1939 Deutschland verlassen und traf fünf Tage später in Tel Aviv ein, wo mit Oskar und Hermann bereits zwei seiner vier Kinder lebten.[144] Blanka blieb in Berlin zurück und wurde bald darauf zur Arbeit im Katasteramt der Jüdischen Gemeinde zwangsverpflichtet. Dies schützte sie bis 1942 unwissentlich vor der Deportation in die Vernichtungslager, waren das Katasteramt und die dort tätigen Juden doch für die statistische Erfassung der Juden zuständig – eine Grundlage für die Deportationen durch die Gestapo, weshalb die Mitarbeiter zunächst von der Deportation in die Mordstätten zurückgestellt blieben. Zugleich setzte Jacob Alperowitz im britischen Mandatsgebiet alles daran, seine Frau in die Freiheit nachzuholen.

Nachdem dies im November 1942 durch die deutsch-britische Austauschaktion gelungen war, lebte das Ehepaar vermutlich in dem 1933 gegründeten Moshav Kfar Haim bei Netanya mit wenigen hundert Einwohnern. In einem Moshav ist die Landarbeit genossenschaftlich organisiert, im Gegensatz zum traditionellen kollektiven Kibbuz besitzen die Bewohner aber auch Privateigentum. Jacob Alperowitz starb schon 1944 in Tel Aviv. Um 1946 zog Blanka in die religiöse kooperative Siedlung Kfar Haroeh nahe der Kleinstadt Hadera um, in der vornehmlich Landwirtschaft betrieben wurde. Die Bezeichnung des 1933 von europäischen Einwanderern gegründeten Moshavs ist ein Akronym aus dem Namen des ersten aschkenasischen, also europäischen Rabbiners im britischen Mandatsgebiet Palästina, Abraham Isaak Kook. Frau Alperowitz lebte dort zunächst zur Untermiete bei einer Familie im „Haus Fränkel".[145] Sie war so mittellos, dass sie öffentliche Unterstützung erhielt.

Jehuda Deutscher, der 1938 im Alter von drei Jahren mit seinen Eltern aus Halberstadt nach Erez Israel auswanderte und bis heute in Kfar Haroeh lebt, kann sich gut an seine Nachbarin erinnern. Die ersten Jahre sei Blanka Alperowitz sehr arm gewesen und habe in einem ehemaligen Kuhstall leben müssen, berichtet er.[146] Etwa ab 1952 konnte sie sich dank der Entschädigungszahlungen aus Deutschland und einer Rente eine Zweizimmerwohnung mit Küche und Bad leisten. Die Bibliothek von Vater Albert und ihre eigene erlangte Alperowitz offenbar nicht zurück: Eine Liste des Central Collecting Point Wiesbaden, wo die US-Amerikaner nach dem Krieg hunderttausende erbenlose Bücher und Judaica aus jüdischem Besitz sammelten, umfasste auch Bücher von „Katz, Albert u. Blanca, Berlin-Pankow, Florastr. 58".[147] Deutscher kann sich nicht daran erinnern, in Alperowitz' Wohnung jemals Bücher gesehen zu haben.

Der damals etwa zwölfjährige Junge erhielt bei Frau Alperowitz privaten Englischunterricht und erinnert sich ihrer als einer „sehr hübschen und intelligenten" Frau. Zugleich sei sie aber sehr verschlossen gewesen und habe keine Freundlichkeiten entgegengenommen. Wenn etwa Nachbarn ihr zu den Feiertagen einen Kuchen schenken wollten, habe Alperowitz die Annahme an der Haustür verweigert. In dem damals rund 200 Personen umfassenden Dorf lebten etwa 12 bis 15 deutsch sprechende Familien, und Blanka Alperowitz habe sich geweigert Hebräisch zu reden und nur Deutsch gesprochen. Auch sei sie nicht religiös gewesen und habe die Synagoge nicht besucht – ein sehr ungewöhnliches Urteil über eine frühere Religionslehrerin, in deren Elternhaus das Judentum eine so große Rolle gespielt hatte. Offenbar hatte sich Blanka Alperowitz in ihrer neuen Heimat gründlich verändert.

Deutscher kann sich nicht daran erinnern, dass Alperowitz jemals auswärtigen Besuch erhalten habe. Tatsächlich war Blankas in Jerusalem lebende Schwester Else Wagner schon im Mai 1939 verstorben, sie hatte sich, an Depressionen leidend, selbst getötet. Der Witwer Abraham Wagner verzog 1948 nach Neuseeland, wo Verwandte von ihm lebten.[148] Zu den in Israel lebenden Kindern ihres verstorbenen

Ehemanns Jacob hatte Blanka Alperowitz offenbar keinen Kontakt. So ergibt sich das Bild einer verbitterten älteren Frau, vertrieben aus ihrer Heimat Berlin, den Ehemann früh verloren, recht arm und ohne Freundschaften und Verwandte in einer fremden Umgebung lebend. Blanka Alperowitz führte in Israel gewiss kein glückliches Leben.

Was blieb, waren die Erinnerungen an ihren Vater. Der Nachbar Jehuda Deutscher berichtet, dass Alperowitz häufiger schwärmend von ihm und seinen großen Verdiensten erzählt habe und dabei zu Übertreibungen neigte. 1958 verfasste sie zum 100. Geburtstag von Albert Katz einen Aufsatz über ihren Vater, in dem es heißt, sein Name sei einer „der bekanntesten in der deutschen Judenheit".[149] Albert Katz sei viel verkannt und dementsprechend bekämpft worden, schrieb sie. Die Schrift blieb unveröffentlicht. Einem internen Schreiben des Leo Baeck Instituts Jerusalem zufolge habe Blanka Alperowitz „eine Art Kult" um ihren Vater getrieben.[150]

Am 3. November 1958 ist Blanka Alperowitz im Alter von 75 Jahren im Krankenhaus Rambam in Haifa verstorben.[151] Sie wurde auf dem Friedhof von Kfar Haroeh begraben.[152] Nach Angaben des damaligen Testamentsvollstreckers existierten weder Verwandte noch andere Erben. Ihr gesamtes Vermögen vermachte Alperowitz der Gesellschaft der Freunde des Leo Baeck Instituts in Jerusalem mit der Maßgabe, das Andenken an ihren Vater Albert Katz wachzuhalten.[153] So geschah es. In den 1960er Jahren erschienen mehrere, vom Leo Baeck Institut geförderte Bücher mit der Anmerkung, die Veröffentlichung sei im Andenken an Albert Katz mit dem Mitteln der verstorbenen Blanka Alperowitz-Katz unterstützt worden.[154] Und bis heute befindet sich in der Bibliothek des Instituts, das die Geschichte des deutschen Judentums erforscht, eine deutlich sichtbare Tafel, die an ihren Vater, den jüdischen Schriftsteller Albert Katz erinnert.[155]

Anmerkungen

1   Ginzel, Günther B.: Jüdischer Alltag in Deutschland 1933–1945, Düsseldorf 1984, S. 219
2   Maier, Clemens: Zwischen „Leben in Brasilien" und „Aus den Verordnungen": Das Jüdische Nachrichtenblatt 1938–1943; in: Juden in Berlin, hg. von Beate Meyer und Hermann Simon, Berlin 2000, S. 110
3   Zit. nach Rürup, Reinhard (Hg.): Topographie des Terrors, Berlin 1987, S. 115
4   Vgl. Maier, S. 107–127
5   Zum Blutschutzgesetz und seinen Folgen vgl. Przyrembel, Alexandra: „Rassenschande". Reinheitsmythos und Vernichtungslegitimation im Nationalsozialismus, Göttingen 2003
6   Hillenbrand, Klaus: Berufswunsch Henker. Warum Männer im Nationalsozialismus Scharfrichter werden wollten, Frankfurt am Main 2013, S. 83
7   Ebenda, S. 85
8   Walk, Joseph: Das Sonderrecht für die Juden im NS-Staat, Heidelberg 1996, S. 305, 307, 310
9   Ebenda, S. 303f., 320
10 www.berlin.de/ba-charlottenburg-wilmersdorf/ueber-den-bezirk/geschichte/stolpersteine/artikel.179747.php. Kreutzmüller, Christoph: Ausverkauf. Die Vernichtung der jüdischen Gewerbetätigkeit in Berlin 1930–1945, Berlin 2013, S. 348; Freie Universität Berlin, Zentralinstitut für sozialwissenschaftliche Forschung (Hg.): Gedenkbuch Berlins der jüdischen Opfer des Nationalsozialismus, Berlin 1995, S. 248f. Vgl. auch Simon Jalowicz, Marie: Untergetaucht. Eine junge Frau überlebt in Berlin 1940–1945, Frankfurt am Main 2014, S. 87f. Ich danke Hermann Simon und Christoph Kreutzmüller für weitergehende Hinweise.
11 Gruner, Wolf: Die Reichshauptstadt und die Verfolgung der Berliner Juden 1933–1945, in: Jüdische Geschichte in Berlin. Essays und Studien, hg. von Reinhard Rürup, Berlin 1995, S. 235
12 Gruner, Wolf: Judenverfolgung in Berlin 1933–1945. Eine Chronologie der Behördenmaßnahmen in der Reichshauptstadt, Berlin 2009, S. 108
13 Gruner, Die Reichshauptstadt, S. 239
14 Walk, S. 237

15 Jah, Akim: Die Deportation der Juden aus Berlin. Die nationalsozialistische Vernichtungspolitik und das Sammellager Große Hamburger Straße, Berlin 2013, S. 396
16 Gruner: Judenverfolgung, S. 159, 172f.
17 Meyer, Beate: Tödliche Gratwanderung. Die Reichsvereinigung der Juden in Deutschland zwischen Hoffnung, Zwang, Selbstbehauptung und Verstrickung (1939–1945), Göttingen 2011, S. 146
18 Meyer, S. 44f.; Jah, S. 114
19 Meyer, S. 127f.
20 Ebenda, S. 182, 184
21 Jah, S. 119
22 *Jüdisches Nachrichtenblatt*, Jg. 1942, Nr. 51 vom 18.12.1942, S. 1
23 Riesenburger, Martin: Das Licht verlöschte nicht. Dokumente aus der Zeit des Nazismus, Berlin 1960, S. 10f., 55
24 Walk, S. 256
25 Holzer, Willi: Jüdische Schulen in Berlin. Am Beispiel der privaten Volksschule der jüdischen Gemeinde Rykestraße, Berlin 1992, S. 21
26 Zit. nach ebenda, S. 56
27 Jah, S. 399f.
28 Gruner: Judenverfolgung, S. 144
29 Hillenbrand, Klaus: Nicht mit uns. Das Leben von Leonie und Walter Frankenstein, Frankfurt am Main 2008, S. 149ff.
30 Simon, Hermann: Das Jüdische Museum in der Oranienburger Straße. Geschichte einer zerstörten Kulturstätte, Berlin 2000
31 ww.berliner-judentum.de/bildung/bibliothek.htm
32 Meyer, S. 147ff.
33 Walk, S. 296
34 Ebenda, S. 355, 377
35 Ebenda, S. 355
36 *Jüdisches Nachrichtenblatt* für Berlin, Nr. 18, 3.3.1939; Nr. 10, 2.2.1940. Die Gemeindesteuer betrug nach den Beschlüssen vom 5.4. und 18.7.1935 25 Prozent der Einkommens- bzw. Lohnsteuer oder 30 Prozent der Vermögensabgabe. Mitglieder, die weniger als 25 Reichmark zu versteuern hatten, blieben von der Gemeindesteuer befreit. *Jüdisches Gemeindeblatt* für Berlin, Nr. 46 vom 17.11.1935, S. 9
37 Anderl, Gabriele: Die „Zentralstellen für jüdische Auswanderung" in Wien, Berlin und Prag – ein Vergleich; in: Tel Aviver

Jahrbuch für deutsche Geschichte XXIII/1994, S. 278f.; Benz, Wolfgang (Hg.): Handbuch des Antisemitismus. Judenfeindschaft in Geschichte und Gegenwart. Bd. 5: Organisationen, Institutionen, Bewegungen, Berlin 2012, S. 534f.

38 Schulle, Diana: Zwangsarbeit, in: Juden in Berlin, hg. von Beate Meyer und Hermann Simon, Berlin 2000, S. 149
39 Maier, Dieter: Arbeitseinsatz und Deportation. Die Mitwirkung der Arbeitsverwaltung bei der nationalsozialistischen Judenverfolgung in den Jahren 1938–1945, Berlin 1994, S. 17, 259
40 Jah, S. 269
41 Franke, Christoph: Die Rolle der Devisenstellen bei der Enteignung der Juden; in: Vor der Vernichtung. Die staatliche Enteignung der Juden im Nationalsozialismus, hg. von Katharina Stengel, Frankfurt am Main 2007, S. 86f.
42 Walk, S. 330
43 Gruner, Judenverfolgung, S. 142
44 Walk, S. 312, 316
45 Gottwaldt, Alfred und Diana Schulle: „Juden ist die Benutzung von Speisewagen untersagt." Die antijüdische Politik des Reichsverkehrsministeriums zwischen 1933 und 1945, Berlin 2007, S. 77f.; Walk, S. 368
46 Kellerhoff, Sven Felix: Berlin im Krieg, Berlin 2011, S. 45f.
47 Gruner, Judenverfolgung, S. 144
48 Walk, S. 312, 314, 318, 339, 387; Gruner, Judenverfolgung, S. 156
49 Gruner, Judenverfolgung, S. 120
50 Walk, S. 304, 324; Gruner, Judenverfolgung, S. 155
51 Kellerhoff, S. 83
52 Ebenda, S. 88f.
53 Walk, S. 306, 327
54 Gruner, Judenverfolgung, S. 110, 115
55 Walk, S. 347
56 Meyer, S. 151
57 Walk, S. 366
58 Gottwaldt, Alfred und Diana Schulle: Die „Judendeportationen" aus dem Deutschen Reich 1941–1945, Wiesbaden 2005, S. 52ff.
59 Ebenda, S. 66f.
60 Jüdische Geschichte in Berlin, hg. von Reinhard Rürup, Berlin 1995, S. 307

61 Gottwaldt/Schulle: Die „Judendeportationen", S. 13
62 Gruner: Judenverfolgung, S. 132
63 Kuwalek, Robert: Das kurze Leben „im Osten". Jüdische Deutsche im Distrikt Lublin aus polnisch-jüdischer Sicht; in: Die Deportation der Juden aus Deutschland, hg. von Christoph Diekmann u. a., Göttingen 2004, S. 112–134
64 Jah, S. 124f., 258
65 Meyer, S. 157
66 Jah, S. 262f.
67 Jah, S. 260f.
68 Gedenkstätte Stille Helden in der Stiftung Gedenkstätte Deutscher Widerstand (Hg.): Gedenkstätte Stille Helden. Widerstand gegen die Judenverfolgung 1933 bis 1945, Berlin 2009, S. 1
69 Meyer, S. 207
70 Gottwaldt/Schulle: Die „Judendeportationen", S. 160, 188
71 Gottwald, Alfred: Mahnort Güterbahnhof Moabit. Die Deportation von Juden aus Berlin, Berlin 2015, S. 14
72 Gruner, Judenverfolgung, S. 148
73 Jah, S. 281ff.
74 Ebenda, S. 315
75 Ebenda, S. 505ff.
76 Lebenslauf Blanka Alperowitz, undatiert; in: Labo Berlin, Entschädigungsbehörde, Nr. 60395
77 Zum Austausch von 1942 vgl.: Hillenbrand, Klaus: Der Ausgetauschte. Die außergewöhnliche Rettung des Israel Sumer Korman, Frankfurt am Main 2011
78 Zu den Templerkolonien in Palästina allgemein vgl.: Sauer, Paul: Uns rief das Heilige Land. Die Tempelgesellschaft im Wandel der Zeit, Stuttgart 1985
79 Zur Hinwendung der Templer zur NSDAP vgl.: Balke, Ralf: Hakenkreuz im Heiligen Land. Die NSDAP-Landesgruppe Palästina, Erfurt 2001
80 BArch Berlin NS 19 186
81 PAAA R 41527; National Archives FO 369/2546
82 National Archives FO 916/95
83 National Archives FO 369/2446
84 Zu Heinrich Loewe vgl.: Schlör, Joachim: Heinrich Loewe und die jeckische Bibliophilie; in: Jüdischer Almanach. Die Jeckes, hg. von Gisela Dachs, Frankfurt am Main 2005, S. 53–59

85 So schrieb Heinrich Loewe in der von Katz herausgegebenen „Allgemeinen Zeitung des Judentums" in der Ausgabe vom 23.12.1921 einen Beitrag mit dem Titel „Mitteilungen über die Arbeit für das Bibliothekswesen in Erez-Israel".
86 CZA S6P/2537
87 Ebenda
88 PAAA R 41529
89 Brandenburgisches Landeshauptarchiv Rep. 36A II, Nr. 589
90 Ebenda
91 Labo Berlin, Entschädigungsbehörde, 60395 Alperowitz, Blanca
92 PAAA R 41530
93 Die exakte Zahl der ausgetauschten Juden mit verwandtschaftlichen Beziehungen nach Palästina ist strittig. Das Foreign Office kommt auf Angaben zwischen 65 und 72 Personen. National Archives CO 980/76, FO 916/599
94 PAAA R 41529. Der Oberfinanzpräsident Berlin stellte später zu einem unbekannten Zeitpunkt fest, man habe bei Alperowitz „kein Vermögen" feststellen können. Brandenburgisches Landeshauptarchiv Rep. 36A II Nr. 589
95 PAAA R 41530
96 National Archives FO 741/10
97 CZA S6P/2537
98 CZA S6/4526
99 *Palestine Post*, 17.11.1942
100 Yad Vashem Archives S645/26. Tatsächlich betrug die Zahl der in Berlin lebenden Juden im September 1942 46.658 Menschen, im Februar 1943 27.000. Gruner, S. 250, 252
101 Geburtsurkunde Kreisarchiv Landkreis Oder-Spree STAI PB 0010. Als Vorname ist „Blanka" angegeben. Im Laufe ihres Lebens erscheint ihr Name häufig auch als „Blanca", so in Adressbüchern und Veröffentlichungen. Andererseits blieb auch „Blanka" in Verwendung. In ihrem Entschädigungsantrag für die Opfer des Nationalsozialismus unterschreibt sie selbst mit „Blanca", im Text einer dazu zählenden eidesstattlichen Versicherung ist wiederum „Blanka" angegeben.
102 Fürstenwalder Wochenblatt, 28.8.1883. Die Adressangabe der Familie nach dem Fürstenwalder Adreß-Buch und Einwohner-Verzeichnis, Fürstenwalde 1885, S. 53. Ich danke Guido Strohfeldt, Leiter des Museums Fürstenwalde, für Hinweise.

103 Lebenslauf, in: Katz, Else: Über das Vorkommen von Carcinom bei Jugendlichen und ein Fall von Rectumcarcinom bei einem Siebzehnjährigen, Diss. Freiburg 1910. Mitteilung des Universitätsarchivs Freiburg an den Autor über das Matrikelbuch (A 66/11) von Else Katz. Es kann nicht gänzlich ausgeschlossen werden, dass die Familie Katz weitere Kinder hatte, die nicht identifiziert werden konnten.

104 Goltz, Georg Friedrich Gottlob: Diplomatische Chronik der ehemaligen Residenzstadt der Lebusischen Bischöfe Fürstenwalde, Fürstenwalde 1837, S. 615f.

105 Alicke, Klaus-Dieter (Hg.): Lexikon der Jüdischen Gemeinden im deutschen Sprachraum, Bd. 1, München 2008, S. 1356ff.; Eschwege, Helmut: Geschichte der Juden im Territorium der ehemaligen DDR, o.O., o.J., S. 466ff.

106 Smith, Helmut Walser: Die Geschichte des Schlachters. Mord und Antisemitismus in einer deutschen Kleinstadt, Göttingen 2002

107 Alperowitz, Blanka: Zur hundertjährigen Wiederkehr des Geburtstages meines Vaters Albert Katz sel. A., unveröffentlichtes Typoskript; in: Leo Baeck Institute Jerusalem, Archivbox Blanka Alperowitz. Veröffentlichte Nachrufe und Lexika-Einträge auf den Vater geben das polnische Łódź als seinen Geburtsort an. Scheinhaus, Leon: In memoriam Albert Katz; in: *Jüdische Rundschau*, Jg. 33, Nr. 56 vom 17.7.1928, S. 406. Jüdisches Lexikon, begründet von Georg Herlitz und Bruno Kirschner, Berlin 1930, Bd. III, S. 627. Das Grab von Albert und Berta Katz befindet sich auf dem Jüdischen Friedhof Weißensee, Abteilung B4, Reihe 3, Grabnummern 65578 und 67239.

108 Deutsche Biographische Enzyklopädie, hg. von Walter Killy und Rudolf Vierhaus, München 1995–2000, Bd. 5, S. 464

109 Katz, Albert: Die Seele des jüdischen Volkes, Fürstenwalde 1885, S. 33

110 Scheinhaus, a.a.O. Heinrich Loewe schreibt in seinem Gesuch um ein Zertifikat zur Einreise Blanka Alperowitz nach Palästina, Albert Katz sei auch bei der Bewegung „Chowewe Zion" (Zionsfreunde) aktiv gewesen, die vor dem Auftreten Theodor Herzls eine Rückkehr der Juden nach Palästina befürwortete. CZA S6P/2537

111 Margolius, Alexander: Der Verein für jüdische Geschichte und

Literatur; in: Jahrbuch für jüdische Geschichte und Literatur, hg. vom Verbande der Vereine für jüdische Geschichte und Literatur in Deutschland, 1927, S. 166–185
112 Der Gemeindebote, Beilage zur *Allgemeinen Zeitung des Judentums*, 59. Jg., Nr. 40 (4.10.1895)
113 Lammel, S. 19
114 Labo Berlin, Entschädigungsbehörde, 60395 Alperowitz, Blanca, Lebenslauf (undatiert, ca. 1951)
115 Zum Lebenslauf von Else Wagner, geb. Katz vgl. auch www.charite.de/aeik/biografie.php?ID = AEIK00140
116 Labo Berlin, Entschädigungsbehörde 60.395
117 Labo Berlin, Entschädigungsbehörde 326.251
118 Lammel, S. 104
119 Jüdische Gemeinde zu Berlin (Hg.): Bericht über die Lehranstalten der jüdischen Gemeinde zu Berlin, Teil II. Die Religionsschulen, Berlin 1914, S. 78
120 Ebenda, S. 10
121 Ebenda, S. 78
122 Ebenda, S. 61
123 Lammel, S. 104
124 Horch, Hans Otto: Auf der Suche nach der jüdischen Erzählliteratur: Die Literaturkritik der „Allgemeinen Zeitung des Judentums (1837–1922), Frankfurt am Main 1985, S. 31
125 *Allgemeine Zeitung des Judentums*, 86. Jg., Nr. 9 vom 28.4.1922, S. 98f. Keren Hajessod, 1920 gegründet, propagierte die Besiedlung Palästinas und warb Spenden ein. Die Organisation besteht bis heute.
126 Alperowitz, Blanka: Zur hundertjährigen Wiederkehr …, S. 3f. Schreiben des LBI Jerusalem an Siegfried Moses u. a. vom 25.2.1958; in LBI Jerusalem, Archivbox Blanka Alperowitz. Die C.V.-Zeitung erschien zwischen 1922 und 1938.
127 Simon, Hermann: Albert Katz – ein Pankower jüdischer Schriftsteller; in: Lammel, S. 55
128 Jahrbuch für Jüdische Geschichte und Literatur, hg. vom Verband der Vereine für jüdische Geschichte und Literatur in Deutschland, 1923, S. 7
129 Simon, Albert Katz, S. 55
130 Katz, Blanca (Hg.): Der wahre Talmudjude von Albert Katz, Berlin 1928

131 Katz, Blanca: Kleine Lichtlein; in: Unterhaltungsbuch für die jüdische Jugend (Für unsere Jugend Bd. 3), hg. von Elias Gut, Frankfurt am Main 1926, S. 37
132 *Jüdisches Gemeindeblatt* für Berlin, Nr. 11, November 1932, S. 278
133 *Jüdische Rundschau*, Mai 1933, abgedruckt in Holzer, S. 52
134 Labo Berlin, Entschädigungsbehörde 71.020
135 Holzer, S. 55f.
136 Wegweiser durch die Jüdische Gemeinde zu Berlin, Berlin 1937, S. 20
137 Interview mit Seev Jacob im Juni 2016
138 Fischer, Anna: „Erzwungener Freitod". Spuren und Zeugnisse in den Freitod getriebener Juden der Jahre 1938–1945 in Berlin, Berlin 2007, S.52ff.
139 Jüdisches Gemeindeblatt für Berlin, Nr. 45 vom 10.11.1935, Nr. 18 vom 2.5.1937, Nr. 20 vom 15.5.1938
140 Labo Berlin, Entschädigungsbehörde 60.395: Lebenslauf
141 Huettner, Axel: Die Jüdische Gemeinde von Kirchen (Efringen-Kirchen, Kreis Lörrach) 1736–1940, Grenzach 1978, S. 176; Schuhbauer, Rolf: Nehmt dieses kleine Heimatstück. Spuren und Stationen der Leidenswege von Müllheimer und Badenweiler Juden 1933–1945, Eggingen 2001, S. 133
142 Zit. nach alemannia-judaica.de/muellheim_synagoge.htm
143 Information der KZ-Gedenkstätte Dachau an den Herausgeber. Ich danke Dirk Riedel von der KZ-Gedenkstätte Dachau.
144 CZA S6P/2537; Schuhbauer, S. 176
145 Labo Berlin, Entschädigungsbehörde 60.395
146 Interview mit Jehuda Deutscher im Juni 2016. In einem internen Schreiben des Leo Baeck Instituts Jerusalem heißt es, Blanka Alperowitz sei „lange unterstützt" worden. LBI Jerusalem, Archivbox Blanka Alperowitz, Schreiben am Dr. S. Moses u. a. vom 25.2.1959
147 Fold3.com/document/232018633/
148 Labo Berlin, Entschädigungsbehörde 71.020
149 Alperowitz, Blanka: Zur hundertjährigen Wiederkehr …, S. 2
150 Schreiben des LBI Jerusalem an Siegfried Moses u. a. vom 25.2.1958,; in: LBI Jerusalem, Archivbox Blanka Alperowitz
151 Labo Berlin, Entschädigungsbehörde 326.251
152 Labo Berlin 60.395: Schreiben der Bundesstelle für Verwaltungs-

angelegenheiten des Bundesministeriums des Inneren an das Entschädigungsamt Berlin vom 16.12.1958. Information zum Grabstein von Jehuda Deutscher, Kfar Haroeh.

153 LBI Jerusalem, Archivbox Blanka Alperowitz, Schreiben an Dr. S. Moses u. a. vom 25.2.1959

154 Bulletin des Leo Baeck Instituts, Vol. 9, 1963, S. 20, Eliav, Mordechai: Ani ma'amin: eduyot al hayehem u-motam shel anshe emunah bi-yeme ha-Shoah, Jerusalem 1965. Schwersenz, Jizchak und Edith Wolff: Jüdische Jugend im Untergrund, Tel Aviv 1969, Anmerkung nach dem Titel

155 Die Bibliothek des Leo Baeck Instituts Jerusalem verfügt über vier Werke von Albert Katz mit seiner persönlichen Widmung oder mit seinem Besitzvermerk. Diese stammen möglicherweise aus dem Besitz von Blanka Alperowitz.

Quellen- und Literaturverzeichnis

Archivalien
Bundesarchiv, Berlin
> NS 19 186

Leo Baeck Institute, Jerusalem
> Archivbox Blanka Alperowitz-Katz

Brandenburgisches Landeshauptarchiv, Potsdam
> Rep. 36A II, Nr. 589

Central Zionist Archives, Jerusalem (CZA)
> ISA1/15491/5, S6/4526, ST6C, S6C, S6P/2537/

Landesamt für Bürger- und Ordnungsangelegenheiten Berlin (LABO), Entschädigungsbehörde
> 60.395 Alperowitz, Blanca
> 71.020 Wagner, Abraham
> 326.251 Wagner, Abraham und Else

Landesarchiv Berlin
> B Rep. 025-05, Nr. 3814-15/50, B Rep. 025-06

Landkreis Oder-Spree, Archiv, Beeskow
> STAI PB0010

National Archives of the United Kingdom, London
> FO 369/2446, FO 369/2546, FO 369/2565, FO 916/94, FO 916/95, CO 980/76, CO 980/75
> CO 980/76, FO 916/599, CO 980/73, FO 741/10

Politisches Archiv des Auswärtigen Amts, Berlin
> R41527, R41528, R41529, R41530, R41531, R41532, R41534, R41535, R100878 Inland II geheim, R100852 Inland II geheim, R 99491 Inland II A/B

Yad Vashem Archives, Jerusalem
> S645/26

Internet
alemannia-judaica.de/muellheim_synagoge.htm (Jüdische Gemeinde Müllheim)

alemannia-judaica.de/efringenkirchen_synagoge.htm (Jüdische Gemeinde Kirchen)

berlin.de/ba-charlottenburg-wilmersdorf/ueber-den-bezirk/geschichte/stolpersteine/artikel.179747.php (Café Dobrin)
berlin-judentum.de/bildung/bibliothek.htm (Bibliotheken)
digital.zlb.de/viewer/cms/82/ (Berliner historische Adressbücher)
deutsche-digitale-bibliothek.de/item/3JWGF4S5EF3ZIU6JNFVMCFLH5E6TVMBZ (Gräber der Cäcilie Alperowitz …)
deutsches-kursbuch,de/1942/F_1.htm (Jahresfahrplan Reichsbahn 1942/43)
fold3.com/document/232018633/ (Unclaimed Collections)
geschichte.charite.de/aeik/biografie.php?ID = AEIK00140 (Else Wagner, geb. Katz)
irgun-jeckes.org (Bericht von Zeev Jacob)
juden-in-sulzburg.de/page/personenliste (Familie Alperowitz)
ksm.snbh.schule-bw.de/Stolpersteine/Website/JacobAlperowitz.htm (Stolperstein …)
sammlungen.ub.uni-frankfurt.de/cm/nav/index/all (Digitale Sammlung jüdischer Periodika)
wikiwand.com/en/Kfar_Haroeh (Bericht über Kfar Haroeh)

Interviews
Jehuda Deutscher, Juni 2016
Seev Jacob, Juni 2016

Zeitungen und Zeitschriften
Allgemeine Zeitung des Judentums, Berlin, Jg. 1885–1923
Fürstenwalder Wochenblatt, 28. August 1883
Jahrbuch für jüdische Geschichte und Literatur, Jg. 1901–1923
Jüdisches Gemeindeblatt für Berlin, Jg. 1931–1938
Jüdisches Nachrichtenblatt, Berlin, Jg. 1939–1942 (unvollständig)
Mitteilungsblatt, Tel Aviv, 1.1.1943, 2.7.1943
Palestine Post, Jerusalem, 17.11.1942

Lexika und Nachschlagewerke

Bibliographia Judaica. Verzeichnis jüdischer Autoren deutscher Sprache, bearbeitet von Renate Heuer, 3 Bde., München 1981

Deutsche Biographische Enzyklopädie, hg. von Walter Killy und Rudolf Vierhaus, 12 Bd., München 1995–2000

Enzyklopädie des Holocaust, hg. von Israel Gutman u. a., 3 Bde., Berlin 1993

Enzyklopaedia Judaica, hg.von Michael Berenbaum und Fred Sklonik, 22 Bde., Detroit 2007

Fürstenwalder Adreß-Buch und Einwohner-Verzeichnis, Fürstenwalde 1885

Gedenkbuch Berlins der jüdischen Opfer des Nationalsozialismus, hg. von der Freien Universität Berlin, Zentralinstitut für sozialwissenschaftliche Forschung, Berlin 1995

Gedenkbuch. Opfer der Verfolgung der Juden unter der nationalsozialistischen Gewaltherrschaft in Deutschland 1933–1945, hg. vom Bundesarchiv, 4 Bde., Koblenz 2006

Handbuch des Antisemitismus. Judenfeindschaft in Geschichte und Gegenwart. Bd. 5: Organisationen, Institutionen, Bewegungen, hg. von Wolfgang Benz, Berlin 2012

Lexikon der jüdischen Gemeinden im deutschen Sprachraum, hg. von Klaus-Dieter Alicke, Bd. 1, München 2008

Jüdisches Lexikon. Ein enzyklopädisches Handbuch des jüdischen Wissens in vier Bänden. Begründet von Dr. Georg Herlitz und Dr. Bruno Kirschner, Berlin 1930

Lexikon deutsch-jüdischer Autoren, hg. von Renate Heuer, 21 Bde., München/Berlin 1992–2013e

Literatur

Anderl, Gabriele: Die „Zentralstelle für jüdische Auswanderung" in Wien, Berlin und Prag – ein Vergleich; in: Tel Aviver Jahrbuch für deutsche Geschichte XXIII/1994, S. 275–299

Balke, Ralf: Hakenkreuz im Heiligen Land. Die NSDAP-Landesgruppe Palästina, Erfurt 2001

Blau, Bruno: Das Ausnahmerecht für die Juden in Deutschland 1933–1945, Düsseldorf 1965

Dämmig, Lara: Jüdisches in Pankow. Rundgänge durch Prenzlauer

Berg, Pankow und Weißensee, hg. vom Museum Pankow, Berlin 2013

Elbogen, Ismar: Albert Katz; in: Jahrbuch für jüdische Geschichte und Literatur, 1923, S. 5–7

Erez Israel Museum (Hg.): Chronicle of Utopia. The Templars in the Holy Land 1868–1948, Tel Aviv 2006

Eschwege, Helmut: Geschichte der Juden im Territorium der ehemaligen DDR, Bd. 1, o.O., o.J.

Fehrs, Jörg H. (Hg.): Von der Heidereutergasse zum Roseneck: Jüdische Schulen in Berlin 1712–1942, Berlin 1993

Fischer, Anna: „Erzwungener Freitod". Spuren und Zeugnisse in den Freitod getriebener Juden der Jahre 1938–1945 in Berlin, Berlin 2007

Franke, Christoph: Die Rolle der Devisenstellen bei der Enteignung der Juden; in: Vor der Vernichtung; hg. von Katharina Stengel, Frankfurt/New York 2007, S.80–93

Gedenkstätte Stille Helden in der Stiftung Gedenkstätte Deutscher Widerstand (Hg.): Stille Helden. Widerstand gegen die Judenverfolgung 1933 bis 1945, Berlin 2009

Ginzel, Günther B.: Jüdischer Alltag in Deutschland 1933–1945, Düsseldorf 1984

Goltz, Georg Friedrich Gottlob: Diplomatische Chronik der ehemaligen Residenzstadt der Lebusischen Bischöfe Fürstenwalde, Fürstenwalde 1837

Gottwaldt, Alfred und Diana Schulle: Die „Judendeportationen" aus dem Deutschen Reich 1941–1945, Wiesbaden 2005

Dies.: „Juden ist die Benutzung von Speisewagen untersagt." Die antijüdische Politik des Reichsverkehrsministeriums zwischen 1933 und 1945, Berlin 2007

Gottwaldt, Alfred: Mahnort Güterbahnhof Moabit. Die Deportation von Juden aus Berlin, Berlin 2015

Gruner, Wolf: Die Reichshauptstadt und die Verfolgung der Berliner Juden 1933–1945, in: Jüdische Geschichte in Berlin. Essays und Studien, hg. von Reinhard Rürup, Berlin 1995

Ders.: Judenverfolgung in Berlin 1933–1945. Eine Chronologie der Behördenmaßnahmen in der Reichshauptstadt, Berlin 2009

Herrmann, Simon Heinrich: Austauschlager Bergen-Belsen, Geschichte eines Austauschtransportes, Tel Aviv 1944

Hillenbrand, Klaus: Nicht mit uns. Das Leben von Leonie und Walter Frankenstein, Frankfurt am Main 2008

Ders.: Der Ausgetauschte. Die außergewöhnliche Rettung des Israel Sumer Korman, Frankfurt am Main 2011

Ders.: Berufswunsch Henker. Warum Männer im Nationalsozialismus Scharfrichter werden wollten, Frankfurt am Main 2013

Ders.: Fremde im neuen Land. Deutsche Juden in Palästina und ihr Blick auf Deutschland nach 1945, Frankfurt am Main 2015

Holzer, Willi: Jüdische Schulen in Berlin: Am Beispiel der privaten Volksschule der jüdischen Gemeinde Rykestraße, Berlin 1992

Horch, Hans Otto: Auf der Suche nach der jüdischen Erzählliteratur: Die Literaturkritik der „Allgemeinen Zeitung des Judentums" (1837–1922), Frankfurt am Main 1985

Huettner, Axel: Die Jüdische Gemeinde von Kirchen (Efringen-Kirchen, Kreis Lörrach) 1736–1940, Grenzach 1978

Jah, Akim: Die Deportationen der Juden aus Berlin. Die nationalsozialistische Vernichtungspolitik und das Sammellager Große Hamburger Straße, Berlin 2013

Jüdische Gemeinde zu Berlin: (Hg.): Bericht über die Lehranstalten der jüdischen Gemeinde zu Berlin, Berlin April 1914

Dies.: Jüdisches Jahrbuch 1929, Berlin 1929

Dies: Wegweiser durch die Jüdische Gemeinde zu Berlin, September 1937

Katz, Albert: Die Seele des jüdischen Volkes, Fürstenwalde 1885

Ders.: Die Juden in China, Berlin 1900

Ders.: Esra; in: Jahrbuch für Jüdische Geschichte und Literatur, 1910, S. 68–88

Ders.: Der Sonnenstich; in: Jahrbuch für Jüdische Geschichte und Literatur, 1913, S. 228–254

Ders.: Der Zar und der Rabbi; in: Für unsere Jugend. Ein Unterhaltungsbuch für israelitische Knaben und Mädchen, hg. von S. Gut, Frankfurt am Main 1916, S. 31–36

Ders.: Biographische Charakterbilder aus der jüdischen Geschichte und Sage, Berlin 1921

Ders.: Israels Feste und Gedenktage, Leipzig 1921

Ders.: Jossele. Aus dem polnisch-jüdischen Jargon nach einer Erzählung von Jakob Dieneson frei bearbeitet, Leipzig 1923

Katz, Blanca: Kleine Lichtlein; in: Unterhaltungsbuch für die jüdische

Jugend, hg. von E. Gut (Für unsere Jugend, Bd. 3), Frankfurt am Main 1926, S. 37

Dies. (Hg.): Der wahre Talmudjude: Die wichtigsten Grundsätze des talmudischen Schrifttums über das sittliche Leben des Menschen, übersetzt und in 70 Kapiteln systematisch geordnet von Albert Katz. Vierter Neudruck, Berlin 1928

Katz, Else: Über das Vorkommen von Carcinom bei Jugendlichen und ein Fall von Rectumcarcinom bei einem Siebzehnjährigen, Diss. Freiburg 1910

Kellerhoff, Sven Felix: Berlin im Krieg. Eine Generation erinnert sich, Köln 2011

Kosmala, Beate: Zwischen Ahnen und Wissen. Flucht vor der Deportation (1941–1943); in: Die Deportation der Juden aus Deutschland. Pläne – Praxis – Reaktionen 1938–1945, hg. von Christoph Dieckmann u. a., Göttingen 2004, S. 135–159

Kreutzmüller, Christoph: Ausverkauf. Die Vernichtung der jüdischen Gewerbetätigkeit in Berlin 1930–1945, Berlin 2013

Kuwalek, Robert: Das kurze Leben „im Osten". Jüdische Deutsche im Distrikt Lublin aus polnisch-jüdischer Sicht; in: Die Deportation der Juden in Deutschland, hg. von Birthe Kundras und Beate Meyer, Göttingen 2004, S. 112–134

Lammel, Inge: Jüdische Lebenswege. Ein kulturhistorischer Streifzug durch Pankow und Niederschönhausen, Berlin 1993/2007

Laqueur, Walter: Was niemand wissen wollte: Die Unterdrückung der Nachrichten über Hitlers „Endlösung", Berlin 1981

Maier, Clemens: Zwischen „Leben in Brasilien" und „Aus den Verordnungen" – Das Jüdische Nachrichtenblatt 1938–1943; in: Juden in Berlin, hg. von Beate Meyer und Hermann Simon, Berlin 2000, S. 107–127

Maier, Dieter: Arbeitseinsatz und Deportation. Die Mitwirkung der Arbeitsverwaltung bei der nationalsozialistischen Judenverfolgung in den Jahren 1938–1945, Berlin 1994

Margolius, Alexander: Der Verein für jüdische Geschichte und Literatur in Berlin; in: Jahrbuch für jüdische Geschichte und Literatur, 1927, S. 166–185

Meier, Albert: „Wir waren von allem abgeschnitten." Zur Entrechtung, Ausplünderung und Kennzeichnung der Berliner Juden; in: Juden in Berlin 1933–1945, hg. von Beate Meyer und Hermann Simon, Berlin 2000, S. 89–106

Meyer, Beate: Tödliche Gratwanderung. Die Reichsvereinigung der Juden in Deutschland zwischen Hoffnung, Zwang, Selbstbehauptung und Verstrickung (1939–1945), Göttingen 2011

Nagel, Michael: Allgemeine Zeitung des Judentums; in: Enzyklopädie jüdischer Geschichte und Kultur, hg. von Dan Diner, Bd. 1, Stuttgart 2011, S. 39–42

Przyrembel, Alexandra: „Rassenschande". Reinheitsmythos und Vernichtungslegitimation im Nationalsozialismus, Göttingen 2004

Riesenburger, Martin: Das Licht verlöschte nicht. Dokumente aus der Zeit des Nazismus, Berlin 1960

Rürup, Reinhard (Hg.): Jüdische Geschichte in Berlin. Bd. 1: Bilder und Dokumente, Bd. 2: Essays und Studien, Berlin 1995

Ders. (Hg.): Topographie des Terrors, Berlin 1987

Rummel, Walter: Die Enteignung der Juden als bürokratisches Verfahren. Funktion und Grenzen der pseudo-legalen Formalisierung eines Raubes; in: Vor der Vernichtung, hg. von Katharina Stengel, Frankfurt/New York 2007, S. 61–79

Sauer, Paul: Uns rief das Heilige Land. Die Tempelgesellschaft im Wandel der Zeit, Stuttgart 1985

Schäbitz, Michael: Flucht und Vertreibung der deutschen Juden 1933–1941; in: Juden in Berlin 1933–1945, hg. von Beate Meyer und Hermann Simon, Berlin 2000, S. 51–76

Scheinhaus, Leon: In memoriam Albert Katz; in: *Jüdische Rundschau*, Jg. 33, Nr. 56 vom 17. Juli 1928, S. 406

Schlör, Joachim: Heinrich Loewe und die jeckische Bibliophilie; in: Jüdischer Almanach. Die Jeckes, hg. von Gisela Dachs, Frankfurt am Main 2005, S. 53–59

Schuhbauer, Rolf: Nehmt dieses kleine Heimatstück. Spuren und Stationen der Leidenswege von Müllheimer und Badenweiler Juden 1933–1945, Eggingen 2001

Schulle, Diana: Zwangsarbeit; in: Juden in Berlin, hg. von Beate Meyer und Hermann Simon, Berlin 2000, S. 147–158

Schwersenz, Jizchak und Edith Wolff: Jüdische Jugend im Untergrund. Eine zionistische Gruppe in Deutschland während des Zweiten Weltkrieges, Tel Aviv 1969

Simon, Hermann: Albert Katz – ein Pankower jüdischer Schriftsteller; in: Lammel, S. 52–55

Ders.: Das Jüdische Museum in der Oranienburger Straße. Geschichte einer zerstörten Kulturstätte, Berlin 2000

Simon Jalowicz, Marie: Untergetaucht. Eine junge Frau überlebt in Berlin 1940–1945, Frankfurt am Main 2014

Smith, Helmut Walser: Die Geschichte des Schlachters. Mord und Antisemitismus in einer deutschen Kleinstadt, Göttingen 2002

Stiftung Topographie des Terrors (Hg.): Berlin 1933–1945. Zwischen Propaganda und Terror, Berlin 2010

Walk, Joseph (Hg.): Das Sonderrecht für die Juden im NS-Staat, 2. Auflage, Heidelberg 1996

Wasserstein, Bernard: Britain and the Jews of Europe 1939–1945, London 1979

Yad Vashem (Hg.): Rescue Attempts during the Holocaust. Proceedings of the Second Yad Vashem International Historical Conference, Jerusalem April 8–11, 1974, Jerusalem 1977

Dies.: From Bergen-Belsen to Freedom, Jerusalem 1986

Dank

Martina Voigt, Berlin | Hannah Blau, Tel Aviv | Jehuda Deutscher, Kfar Haroeh | Devorah Haberfeld, Irgun Olej Merkas Europa, Tel Aviv | Alfred Gottwaldt (†), Berlin | Ulrike Harnisch, Berlin (Übersetzungen aus dem Hebräischen) | Joscha Jelitzki, Berlin (Übersetzungen aus dem Hebräischen) | Seev Jacob, Kfar Masaryk | Christoph Kreutzmüller, Berlin | Edina Meyer-Maril, Tel Aviv | Monika Nakath, Brandenburgisches Landeshauptarchiv, Potsdam | Dirk Riedel, KZ-Gedenkstätte Dachau | Dinah Riese, Berlin/Haifa | Hermann Simon, Berlin | Ines Sonder, Berlin | Yuval Steinitz, Irgun Olej Merkas Europa, Jerusalem | Guido Strohfeldt, Museum Fürstenwalde | Heidemarie Wawrzyn, Jerusalem | Barbara Welker, Archiv Centrum Judaicum Berlin | Sarah Wittmann, Burglengenfeld, Brandenburgisches Landeshauptarchiv, Potsdam | Bundesarchiv, Berlin | Central Zionist Archives, Jerusalem | Landesamt für Bürger- und Ordnungsangelegenheiten Berlin, Entschädigungsbehörde | Landesarchiv Berlin | Internationaler Suchdienst, Bad Arolsen | Landkreis Oder-Spree, Archiv, Besskow | Leo Baeck Institute, Jerusalem | Jüdische Gemeinde zu Berlin, Bibliothek | KZ-Gedenkstätte Dachau | Moses-Mendelssohn-Zentrum, Potsdam | Museum Fürstenwalde | Politisches Archiv des Auswärtigen Amts, Berlin | National Archives of the United Kingdom, London | Stiftung Neue Synagoge Berlin – Centrum Judaicum | Topographie des Terrors, Bibliothek, Berlin | Universität Freiburg i. Br., Archiv | Yad Vashem Archives, Jerusalem

Über den Herausgeber

Klaus Hillenbrand studierte Politische Wissenschaften in Bonn und Berlin. Er arbeitet als leitender Redakteur bei der Berliner Tageszeitung „taz". Hillenbrand hat mehrere Bücher zur Judenverfolgung im Nationalsozialismus und zum jüdischen Leben in Israel veröffentlicht.